자본주의

LE CAPITALISME

LE CAPITALISME

by Claude Jessua

Copyright©Presses Universitaires de France, 2007
Korean Translation Copyright©GENYUNSA, 2007
All rights reserved.
Korean translation rights arranged with PUF through
GENYUNSA, Seoul, Korea

이 책의 한국어판 저작권은 (주)경연사를 통한 프랑스 PUF 와의 독점 계약으로 도서출판 경연사(주)가 소유합니다. 저작권법에 의하여 한국 내에서 보호를 받는 저작물이므로 무단전재와 무단복제를 금합니다.

자본주의

LE CAPITALISME

끌로드 제쉬아 지음 | 박은태, 신용대 옮김

경연사

차례 자본주의 LE CAPITALISME

역자서론 ··· 7

머리말 ··· 11

제1장 **자본주의의 기원: 역사적 개요** ········ 21
  중세경제의 생성과 진화
  세상에 눈을 뜨다
  중요한 발견들
  통화·금융의 보급
  산업혁명

제2장 **경제활동의 순환** ························ 69
  시대별 대조
  주기와 혁신, 장기주기에 대한 가설

제3장 **자본주의와 권력** ························ 95
  왕의 임무
  법치국가
  사회내의 민주주의
  기업의 지배구조

제4장 **국가와 시장경제** ······················· 117
  국가의 경제적인 기능
  (자원)배분의 기능
  재분배의 기능
  공공지출 발전
  안정화의 기능

제5장 **자본주의와 그의 적들** ················ 159
  자본주주의 위기
  뿌리 깊은 반(反)자본주의?

결론 ··· 187

  ■ 참고문헌 ··· 195

역자서론

　세상에는 국가를 운영하는 경제제도로써 자본주의와 사회주의 두 제도가 있다. 마치 다방에서 커피나 차, 둘 중에서 선택하여 주문하는 것과 같다고 하겠다. 공교롭게도 북한은 사회주의제도를 경제도구로 채택하고, 남한은 자본주의제도를 택하고 있다.

　원래 경제학이 도덕윤리학에 포함되어 있다가, 독립된 학문으로 인정되어 노벨상의 대상이 된 것은 1969년부터이다. 영국 캠브리지 대학의 알프레드 마샬(Alfred Marshall) 교수는 "이 세상에 마지막 거지가 없어질 때까지 경제학자의 사명은 남아 있다"고 했다. 자본주의제도는 항상 경제 양극화로 인하여 사회주의제도로 전향하고자 하는 유혹을 받게 되는데, 이를 방어하는 것이 기업인이 사회적 책임을 다하여 일자리를 만들어 고용을 창출하고, 재산을 사회에

환원하여 복지사회를 건설하는 것이라고 주장하였다. 이러한 기업인들이 발휘하는 기업가정신을 '경제기사도(Economic Knight, 經濟騎士道)'라고 하며, 이와 같은 기업 활동이 자본주의 본질이며 사회주의보다 우월한 점이라고 강조하였다.

최근 워런 버핏(Warren Edward Buffett)회장이 자기 재산의 85%에 해당하는 435억 달러(41조원)를 빌 게이트 자선재단(Bill & Melinda Gates Foundation)에 쾌척하여 세상을 감탄케 한 소식은 자본주의사회의 기업가정신을 실현한 것이다. 이뿐만 아니라 이미 미국의 카네기(Andrew Carnegie)나 록펠라(Rockefeller, J.D)와 같은 기업인은 말년에 자기의 재산을 사회에 기부하고 돌아갔다. 이것이 자본주의의 진면목이다.

2007년 스위스 다보스(Davos) 세계경제포럼(WEF)에 의하면, 세계정세는 중동 분쟁으로 위협받고 있으나, 세계경제는 4.5% 성장하였다고 한다. 또한 세계는 부(富)를 추구하기 때문에 장기적으로는 자본주의가 승리할 것이라고 파이넨셜 타임지(FT)는 예측했다.

우리는 자본주의제도를 도입하여 반세기를 지난 오늘날 GDP 1조 달러에 육박하는 세계 11대 경제대국으로 성장하였지만, 여기에 걸 맞는 경제문화를 정착시키지 못한 채 각종의 사회갈등과 비효율로 성장한계에 직면하여 자본주의에 대한 위협이 고조되고 있다.

역자는 본서의 발간이 우리의 선진화 도정(道程)에서 자본주의의 미래를 개척하는데 참고가 되길 바라는 마음 간절하다. 그간 도움을 준 Presses Universitaires de France 출판사와 번역과 편집에 참여한 장유경양, 김기주양, 우안나양에게 사의를 표한다.

역자 박은태, 신용대

머리말

'자본주의(le capitalisme)'라는 단어에 '-주의 (-sme)' [1] 어미가 붙어 있긴 하지만, 이것이 반드시 이론적인 체계나 이념을 의미하지는 않는다. 이 용어는 19세기 프랑스 사회주의자인 프루동(Proudhon), 피에르 르루 (Pierre Leroux), 블랑키(Blanqui)등의 학자들이 당시의 경제 및 사회제도를 '자본주의'라고 표현하면서 처음 사용하게 되었다. 그들은 향후 이 용어가 '사회주의'를 대체하길 내심 바라고 있었다. 마르크스(Marx)나 엥겔 (Engels)도 이 용어를 정확하게 사용한 적은 한번도 없었다. 같은 의미로 '자본주의적 생산방식' 혹은 '부르주아 경제'라고 지시할 뿐이었다. '자본주의'란 새로운 용어가 등장하자 이를 비방하려는 공격들이 뒤따라 나왔다.

---

1) 프랑스어에서 '-sme'로 끝나는 단어는 정신체계를 의미하는 경우가 많다. (역자 주)

지식인들은 신어가 개념상 합당치 않으며 부당한 착취와 관련이 있다고 비난했다. 또한 자유주의자들은 '자본주의' 대신 좀 더 중립적인 '자유기업의 경제' 혹은 '시장경제'라는 표현을 사용하였다.

자본주의에 대한 이런 비판적인 시각은 이 제도의 연구에 장애가 되었고, 프랑수아 페루(François Perroux)가 지적한 대로 '투쟁적인 의미'로 이해되었다. 자본주의가 학문적으로 인정을 받고 이러한 논란에서 벗어나게 된 것은 20세기에 들어와서야 비로소 시작되었다. 자본주의에 대한 올바른 이해에는 독일의 역사학자인 워너 좀바르트(Werner Sombart)와 프랑스의 앙리 오제(Henri Hauser), 사회학자인 막스 베버(Max Weber)와 경제학자인 슘페터(Schumpeter, 1883-1950)가 큰 영향을 발휘했다. 그렇지만 '자본주의'란 용어에 대한 다소간의 고찰이 필요하다. 18세기에 들어 '자본가'는 투자할 자본을 보유한 기업인을 의미하게 된다. 아담 스미스(Adam Smith, 1723-1790)나 튀르고(Turgot, 1727-1781)와 같은 학자들은 자본주의란 용어를 자주 사용하였으며, 1766년부터 경영주는 '농업자본 경영인'(농장주) 혹은 '산업자본 경영인'(농업과 관련이 없는 경영주)으로 분류되었다.

다시 말해서 자본주의는 자본가가 지배적인 역할을 하는 사회경제 제도로써 자본가는 자본을 투자하여 이익을 추구하는 재력가 또는 경제활동을 통해 자본의 가치를 증식시키는 경영인으로 이해되었다. 이와 같은 정의는 자본을 소유한자(자본가)와 가진 것이라고는 노동력 밖에 없는 근로자 사이의 뚜렷한 구별을 제시하였다. 프랑수와 케네(François Quesnay, 1694-1774)는 이미 농부[2]를 '대자본가'로 묘사한 바 있다. 프랑수와 케네 이후, 국가적 부의 축적, 즉 경제 성장의 원동력을 분석하고자 하였던 아담

---

[2] 농부는 케네(Quesnay)에게 있어서, 그리고 튀르고(Turgot)에게 조차도, 경영인의 전형적인 모델이었다.

스미스를 비롯한 학자들은 주저 없이 기존의 자본력과 자본축적에 의한 역할을 강조하였다.

'자본축적'은 오늘날의 '투자'나 '자본형성'에 해당하는 용어인데, 위의 학자들은 일반적으로 개인 혹은 경영인에 의해 실현된 이익추구를 위한 것으로 보았다. 사실 '자본축적'의 관건은 생산비용을 제공하는 것 뿐 아니라, 재투자로 기업을 성장시키고 흑자를 내어 이윤을 창출하는 데 있다. 성장의 법칙이란 이윤이 쌓이는 것을 의미하기 때문이다. 이런 관점이 국가적으로 확대되면 자본주의 경제의 최종목적은 '성장'이 되고, 여기에서 논의되고 있는 성장이란 부의 증대와 축적을 의미하게 된다. 즉, 성장의 정체상태는 자본주의의 본질과는 일치하지 않는 것이다.

이 제도의 구체적인 의미를 파악하기 위해서 자본주의에 대한 다양한 정의를 명시해 볼 필요가 있겠다. 우선 슘페터(Schumpeter, 1942)3)에 따르면, 자본주의는 개인이 생산수단을 소유하는 것과 시장에서 교환의 의사결정이 이루어지는 형태로 정의된다. 또한 자본주의는 금융기관의 도움을 받은 자본의 축적, 다시 말해 신용 창출에 의한 것을 가리킨다. 이러한 정의는 자본주의와 사회주의 사이의 커다란 충돌로 나타났고, 오늘날 두 제도의 상반된 결과를 초래하게 되었다. 실제로 슘페터는 자본주의에 대한 사회주의제도의 정의를 '생산수단의 집단소유'라고 명시하였다. 사회주의 체제하에서 생산자원의 배급, 자본축적의 과정은 종합적인 계획에 의해 결정되며, 이러한 제도가 자본주의 시장의 역할을 대신한다.

한 가지 분명히 할 것은 여기에서는 '공산주의(communisme)'에 대한 언급은 하지 않고 간략하게 설명만 하고자 한다. 공산주의란 「고타의 계획비평(La critique du programme

---

3) J. A. Schumpeter(1942). 이 책 맨 뒤의 참고문헌 란에 참조사항이 수록되어 있다.

de Gotha, 1875)」에서 마르크스가 주장한 바와 같이 '능력 있는 사람에서 필요한 사람으로' 라는 표현에서 짐작할 수 있을 것이다. 생산력이 고도로 확대되고 화폐의 사용 없이 필요한 재화와 서비스를 부족하지 않게 무상으로 직접 공급하는 상태에 이르러야 하므로, 사실상 이것의 실현은 요원한 것이다. 러시아인은 비극적인 '공산주의 전쟁(communisme de guerre, 1918-1921)' 을 겪고 난 후에야, 공산주의는 당장은 실현될 수 없는 이상이라는 사실을 깨달았다. 그래서 그들은 '능력 있는 사람에서 일하는 사람으로' 라는 주의로 전향하여 장기간의 과도기를 거쳐야 했다. '사회주의(socialisme)' 라는 용어는 러시아인들이 이 과도기체제 속에서 스스로 부여한 것이다. 1980년대 말까지 사회주의는 소비에트연방 및 다른 동부유럽국가의 특징적인 이념이었다. 심지어 '공산당' 이 유일 여당이었던 시대에도 이들은 사회주의 국가로 여겨졌다. 슘페터가 내린

사회주의에 대한 정의는 이들 국가에 정확히 적용된다. 1980년대 초에 전문가들은 레오니드 브레주네프(Léonide Brejnev)의 제안에 따라 이 국가들을 '실제적 사회주의(le socialisme réel)' 국가라고 표현했다.

반면에 몇몇 서유럽 및 북유럽국가에서는 '사회민주주의(la social-démocratie)'가 지배적이었던 때가 있었으며, 프랑스도 수차례 이러한 혼합제도 하에 놓였었다. 그러나 이와 같은 국가체제는 결국 수정자본주의에 지나지 않음에 주목할 필요가 있다. '사회당'이라는 다수당이 정권을 행사할 때도 이는 마찬가지였다.

이제 자본주의의 도래와 진화에 대한 역사적인 측면을 살펴보고자 한다.

제 1 장

자본주의의 기원 : 역사적인 개요

제 1 장

자본주의의 기원 : 역사적인 개요

수세기 동안 경제제도는 그 내용상 혁명적인 특성을 나타내어 자본주의에 대한 역사적 의미는 더욱 크다고 할 수 있다. 이 가운데 두 가지 관점이 우리가 자본주의를 평가하는데 도움이 될 것이다.

다비드 랑드(David Landes)[4]는 물질적인 관점에서 볼 때, 1750년 영국인의 생활수준이란 카이사르(César)의 먼 후손시대까지 비교해 볼 필요도 없이, 오히려 카이사르 병사들의 생활수준에 더 가깝다는 점에 주목했다. 또한 그는

---
4) David Landes (1975).

산업혁명기는 서유럽이 세계에서 전례 없는5) 지배력을 행사한 가장 큰 역사적인 격변기였음에도 불구하고, 18세기 중반에서 19세기 초까지 실제로 유럽, 아프리카의 이슬람 국가, 중동, 인도 그리고 중국의 평균 생활수준이 거의 비슷했다는 점을 발견했다.

이 장에서는 역사적 연구를 통한 자본주의의 기원에 대하여 관찰한다. 이러한 연구는 실제로 우리가 이 제도의 본질을 이해하고, 그 전망을 확인하는데 필수적인 절차이기도 하다. 따라서 여기서는 시대별 연대기와 자본주의 변천에 중요한 획을 그은 사건들을 명시하고자 한다. 자본주의로 표현할 수 있는 경제사회집단의 형태는 역사적으로 언제부터인가? 이러한 과정을 통해 종교와 산업혁명이 자본주의제도의 본질에 미친 영향을 파악할 수 있을 것이다.

역사적인 관찰을 통해 시장경제제도가 산업사회 이전부터 적용되었다는 것을 알 수 있다. 따라서 오래전 생산 이전의 단계, 엄밀한 의미에서의 자본주의의 기원을 찾아내야 한다.

고대사에서 주요 대도시는 복잡한 구조를 가지고 있었

---

5) 페르낭 브로델(Fernand Braudel, 1979)이나 카를로 시폴라(Carlo Cipolla, 1976)가 같은 지적을 한 바 있다 (p. 671, vol. 3). 참조) 폴 베로크(Paul Bairoch, 1993)도 역시 같은 지적을 했었다.

고, 이웃한 국가 혹은 원거리 국가들과 매우 중요한 교역을 빈번히 시도하였다. 이런 교역의 흐름은 그리스와 헬레니즘세계 뿐만 아니라 중동지방에 이르는 지중해 주변 전체에 관심을 불러 왔고, 이후에는 강력한 로마의 세력이 이들 국가를 점령하였다.

하지만 태고(太古)와 같은 시대의 경제가 자본주의의 가장 특징적인 몇몇 제도에 의존하지 않았다는 것은 상당히 놀라운 것이다. 우리가 아주 먼 과거까지 거슬러 올라가는 것은 중요하지 않다. 여기에서는 로마제국의 말기부터[6] 서양의 경제혁명의 주요시기를 보는데 초점을 맞출 것이다.

---

[6] 폴 베로크(Paul Bairoch, 1997)의 저서에서 시간, 공간적으로 더 멀리 떨어진 문명에 대한 매우 흥미로운 설명을 찾을 수 있다.

중세경제의 생성과 진화

우리가 오늘날 이해하고 정의를 내리고자 하는 자본주의의 등장은 중세까지 거슬러 올라간다. 이는 중세사회가 문명의 동질성이 결여되어 있었기 때문이다. 자본주의 발전의 원동력과 중세사회의 본질을 알기 위해서는 중세사회가 로마제국의 몰락 이후에 유럽에서 특수한 형태로 형성되었다는 사실을 기억해야 한다. 로마의 몰락은 외적의 침입과 일상생활에서 야기되는 사회경제적인 성장기반이 붕궤되었기 때문에 발생했다. 따라서 중세사회의 변천 과정에서 발생한 주요사건을 재조명함으로써 자본주의를 이해할 수 있을 것이다. 중세사회의 발전과 소멸의 원인과 양식을 파악하여, 결과적으로 자본주의의 등장을 규정지은 실제적인 요인을 밝혀보고자 한다. 중세이전 상인들, 기업가들, 금융인들이 동양과 그리스, 그리고 로마에서 그들의 재능을 발휘했다는 것은 단연 명백하다. 그러나 12세기 초엽부터는 유럽을 무대로 끊임없이 부와 생산능력의 축적을 전적으로 지향하는 사회 경제제도가 발전함을 알 수 있다.

중세 초기, 즉 고대문명이 종결되는 시점으로 돌아가 보자.

로마 질서의 종결

AD 3세기에서 5세기에 걸친 외적의 침입은 로마제국의 법적, 행정적 구조에 명백하게 종지부를 찍게 하였고, 이와 동시에 로마제국의 해체와 몰락을 초래하였다. 이러한 침략으로 농업에 전적으로 의존해오던 서양사회는 불안해졌고, 이로 인해 주민들은 성곽 안의 안전한 촌락이나 권력 있는 지주(포탕트(potentes) 예컨대, 4세기 갈로 로망7))의 성내로 피신하게 되었다. 지주는 주민을 보호해주는 대가로 일정량의 현물공납을 요구했다. 그러나 권력자에 의해 자행된 지배는 교환의 절차라기보다 차라리 강압적인 착취형태로써 다양한 상황들로 나타났다.

봉건제도를 예고하는 이와 같은 구조를 파악하다보면, 주민들 입장에서의 근본적 문제란 생명과 재산의 보호였음을 알 수 있게 된다. 그러나 이러한 보호는 쇠약해진 제국에 의해 더 이상 보장될 수 없었다. 그러므로 도시문명은 사회 자생력의 약화로 인해 쇠퇴의 길로 접어들었고, 인구의 감소, 화폐의 부족, 그리고 상교역의 현저한 저하가 사회를 나약하게 만들었다. 특히 5세기에 나타난

---

7) 갈로 로망(gallo-romain(e)): 로마의 지배에 의해 영향을 받은 갈리아 지방을 지칭하는 형용사 (역자 주)

주목할 만한 붕궤현상은 서로마제국 전체에 영향을 미치게 되었다.

한편, 동로마제국들은 민간교역에서 우위를 점하고, 지중해 통로를 이용한 무역을 지속적으로 증대시키며 개방적인 대외무역을 성취하였다. 로마인들이 지중해를 '우리의 바다(Mare nostrum)'라고 부른 데는 다 이유가 있었다. 로마제국 전체가 지중해를 둘러싸고 세워져 있었기 때문이다. 로마는 유럽, 아프리카, 아시아의 정복으로 제국의 변방지대를 보호하고, 필수품 공급의 안정을 보장하려 하였으나, 지중해 연안에서 벗어나 육지 내륙에 개입함으로써 역사적, 지리적인 과제를 등한시 하였다. 여기서 로마제국 쇠퇴의 신호를 읽을 수 있는데, 어떤 면에서는 로마제국이 제국적인 권력행사라는 종전의 역할을 포기했기 때문이다.

교역의 주요한 흐름은 즉시 새로운 형태에 접어들었다. 5세기에 이르러서 지중해 영역의 중심축이 변화하는 한편, 유럽의 인구 구성 자체가 대규모의 침략으로 인해 현격히 바뀌게 되었다.

우선 콘스탄티노플(Constantinople)이 지중해의 경제적 역할에 있어 점차적으로 로마를 대신함으로써 지중해 교역의 주요 흐름은 급변했다. 로마는 사실상 남은 힘과 모든 수단을 외부 침략에 저항하는데 할애하고 있었다. 로마제국의 몰락(서기 476년)이후 유럽의 역사를 특징지은 주요한 사실을 설명하기 보다는, 산업혁명 때까지의 변천 단계를 경제적 관점에서 점검해 보고자한다.

봉건질서: 방어에서 확대로

서유럽은 대규모의 침략과 로마제국의 몰락에 이은 혼란의 시기를 겪었다. 이 기간동안 사람들의 주된 관심사는 사방에서 오는 침략자로부터 자신을 보호하고 생존하는 것이었다. 실제로, 로마제국의 무너진 성벽에서 다양한 민족들로부터 공격당했던(주로 9~10세기) 흔적을 찾아볼 수 있다. 이 다양한 공격자들의 일부는 남쪽(아랍인들과 사라센인), 일부는 북쪽(바이킹과 노르만인) 혹은 동쪽(게르만족과 한족)에서 온 민족들이었다. 서로마제국의 유적은 8세기 중반부터 10세기 초반까지 일종의 재생과정을 거치지만 로마제국을 재건하려는 노력이 수포로 돌아간 후에 카롤링거 왕조가 들어서면서 유럽 중세사회의 기본조직이 자리잡게 된다.

민족 대이동이래 침입자들은 마침내 침략한 땅에서 그곳의 시조로서 정착했으며, 점차적으로 오늘날 유럽국가의 민족을 구성해 나갔다. 미력한 자들은 향후 발생할지 모를 위협에 대비하여 최소한 지역단위에서 힘 있는 보호자의 울타리를 필요로 하게 되었다. 경제활동은 주로 농업이었으며, 적어도 초기에 이것은 기본적으로 소규모 사회를 존속하는데 필요한 것을 갖추고 있었다. 이러한 활동은 '자급자족'으로 간주되었고, 교역은 점차 감소하여 문자 그대로 폐허가 된 도시로 쇠퇴하고 말았다. 경제적인 면에서, 이러한 체제는 폐쇄적인 경제체제라고 할 수 있다.

점차적으로 로마사회를 특징지었던 질서와는 다른 어떤 질서가 이루어지고, 그것은 바로 중세 유럽사회를 구성했던 '봉건제도'였으며, 위에 언급한 주요한 요소들은 의무와 대가 모두가 다 포함된 충성의 관계였다. 단위경제의 자급자족, 교역의 감소, 자본축재로 인한 화폐의 거의 완전한 소멸은 경제교류와 상거래의 전형적인 양식으로써 '물물교환'을 만들어냈다.

상인의 시대

시장형태는 이미 지나간 얘기라 해도 과언이 아니다. 그 이후 경작인과 농노는 영주와 영주의 토지에 종속되었고, 그들은 영주에게 잡역의 의무와 현물공납의 의무를 지녔다. 반면 영주는 그 보상으로 그들을 돕고 보호할 의무를 가지고 있었다. 이 제도는 현물형태의 약속과 같은 작용을 하였다. 이와 비슷한 관점에서 영주 또한 자신보다 권력 있는 사람에게 서약을 해야 했었다. 즉, 그가 봉신(封臣)의 신분으로 예속되어 있는 봉건 군주에게 예의를 표해야 하는 것이었다. 다시 말해서 이는 또 다른 보호관계를 의미하는 것이었다. 봉건제의 종속관계에는 인형 안에 작은 인형이 있고, 그 안에 더 작은 인형이 있는 것처럼 가장 높은 지위의 영주가 왕 혹은 황제에게 예를 갖추는 다단계식의 관계가 성립되는 것이었다.

이와 같은 봉건제는 시간의 흐름에 따라 중요한 변천을 거쳤다. 처음에 봉신관계는 개인적이고 일시적인 의무와 보상의 총체로써 이해되었다. 그러나 시간이 흐름에 따라 종속관계는 세습적이 되었고, 봉신에 있어서는 본질적으로 군사적이고 동시에 토지를 소유하는 귀족계급을 구성하는 효시가 되었다. 이때 가장 중요한 것은 로마식 의미의 국가는 쇠퇴했다는 것이다. 좀더 자세히 말하면 국가는 여러 개의 봉토로 분할되었음을 의미한다. 각각의 영주는 각자의 위치에서 왕권에 속하는 권한을 행사했고, 방위, 도로와 교량의 관리, 시장의 감독, 경찰, 심지어는 사법권 행사와 같은 권한을 수행했다. 사회는 전체적으로 불안정한 상태가 되었지만, 이 제도는 각자에게 나름의 이점을 가져다주었다. 그 결과 이와 같은 관행은 일반적인 규칙을 갖는 단계에 이르게 된다. 확장의 원리는 다음과 같다. 자유인 혹은 중소 재산소유자가 토지를 영주에게 내놓으면(팔면), 영주는 봉토의 명목으로 토지증서를 발급하고, 그 대가로 그들을 돕고 보호할 것을 약속하였다. 이런 방식으로 새로운 소유권이 형성되었다. 장자상속권의 제정에 의해 이러한 악영향이 완화되지 않았다면, 봉토는 이 소유권의 분열을 초래할 수도 있었을 것이다.

 봉건제도상의 소유권은 주군(主君)이 가신(家臣)의 생명에 대한 권리까지 포함하고 있는데, 이는 농경사회의 마지막 계급에서 더욱 분명해진다. 그 계급은 바로 농노이며, 그들은 자신의 재산과 함께 영주에 예속될 뿐만 아니라, 그들이 살고 일하는 토지에도 예속되었다. 이것은 주인과 종속인 사이의 모든 관계가 자유로운 합의뿐 아니라, 권리와 현물공납의 의무가 법적 규정에 의해서 지배된다는 것을 의미하고 있다. 결과적으로, 시장의 개념은 이 사회에서 전혀 존재하지 않는 것이다. 폐쇄된 통제경제는 계급제도의 필요한 조건에 의해 지배된다. 이렇게 이루어진 봉건질서는 안정성의 모든 조건을 충족시키는 듯했다. 이 질서는 사실상 9세기부터 13세기까지 프랑스를 비롯하여 유럽 국가들을 지배했다. 그러나 이 제도는 예상보다 더 급격하게 변화하지 않을 수 없게 되었고, 다음 세 가지 현상으로 인해 봉건질서는 결국 소멸하게 된다. 그것은 바로 도시화, 대외무역 그리고 통화, 금융의 보급이다.

도시화

　유럽의 여러 국가에서는 대개 '지방자치의 혁명(la révolution communale)'이라고 불리는 운동을 시발점으로, 종래의 농경사회에서 도시경제로의 전환이 이루어졌다. 이 운동은 9세기부터 14세기까지 진행되었고 국가에 따라 진전속도나 양상이 천차만별이었다.

　봉건제도의 특징인 독자적인 폐쇄경제로 인하여 예속된 영지에 거주하던 일부시민은 인구가 많은 지역에서 교역개방의 가능성을 증대시키고자 로마의 옛 도시나 큰 성곽에 정착하여 생활조건의 개선을 시도하였다. 실제로 도시나 준도시의 밀집한 주거지역은 도로의 교차로나 바다 또는 강의 접경지역에 있었기 때문에 서로 다른 직종에 종사하는 사람들은 마침내 한정된 자가소비(l'autoconsommation)와 자급자족의 예속적인 상황에서 벗어날 수 있었다.

　도시는 서유럽에 더 많았지만, 규모는 별로 크지 않았다. 6세기부터 11세기까지 인구 5천명 이상의 도시는 크다고 여겨졌다. 그러나 이 도시들은 봉건제도 하에 엄밀하게 뒤얽혀 있었으므로, 도시를 지배했던 종교적 혹은 비종교적 영주에 속한 도시의 주민은 때로는 농민보다 더 나을 것이 거의 없었다. 어떤 도시들은 여러 영주의 지배 아래에 있는 경우도 있었다. 예를 들어, 파리(Paris)의 경우, 공작과 주교, 또한 왕도 도시를 지배할 수 있었기 때문이다. 시민들에게 이런 상황은 전혀 만족스럽지 못했고, 이로 인해 지방자치 운동이 일어나고 확대되었다.

이태리 도시 내에서도 점진적으로 이 운동이 일어나고, 그 후 프랑스 중부와 북부, 플랑드르(les Flandres)와 독일로 번져나간다. 이 도시의 중산층은 영주로부터 그들을 노예 같은 생활에서 벗어나게 할 수 있는 특권과 지위를 얻기 위해 다같이 지방자치에 충성하기로 결정했다. 영주는 문서로써 중산층에게 혜택을 부여하고, 일정액의 부과금을 생활여건이 향상된 중산층에게 징수함으로써 손쉽게 이득을 볼 수 있었고, 이 중산층 또한 예속에서 벗어날 수 있었다. 경제력이 있는 중산층이 새로운 지위를 가지게 된 것은 지방자치에 복종한 덕분이었다. 이러한 자치법의 준수는 주종관계가 아닌 수평적인 관계를 형성한다는 점에서 봉건제도의 복종과는 달랐다. 이는 완전히 새로운 관계였다. 이로써 중산층은 기존 생활환경에서 통상 접근이 불가능했던 경제적인 주도권을 행사하며 사회적인 도약을 기하게 되었다.

따라서 대규모는 아니지만 도시는 유지되고, 이로 인해

농촌인구의 일부는 도시로 상당히 유입되어 지방자치의 혁명은 도시의 새로운 현상으로써 활력을 띠면서 다양한 형태로 진행되었다. 이러한 움직임이 주로 유럽에서 일반화되고 있었다는 것은 말할 나위가 없다. 그러나 증서수여가 항상 평화롭게 이루어진 것만은 아니었다. 결국 권력의 진정한 분할이 문제시 되면서 이 집단적인 움직임은 도시의 상인을 위한 상인의 정부를 설립하는 쪽으로 나아갔다. 유통시장의 힘은 영주의 힘보다 우월한 것이었다.

대외무역

마찬가지로 우리는 두 번째 요인인 대외무역이 어떤 역할을 하였는지 이해할 수 있다. 어떤 면에서 폐쇄경제와 비교해 볼 때, 다른 도시와의 모든 상거래는 대외무역이라고 할 수 있다. 이런 교역은 경우에 따라 원거리 도시 간에도 운송과 의사소통이 비교적 가능했다는 것을 짐작하게 하고, 사람과 상품유통의 적절한 안전을 보장하는 어떤 공공질서가 보장되어 있었다는 것도 유추할 수 있다. 지방자치의 혁명이 일반화 되었듯이 이러한 움직임은 한번 시작되면 보편화되어 퍼져나가는 경향이 있는데, 이는 여기서 얻는 이익이 움직임에 관련된 집단에 돌아가기 때문이다. 이와 같은 이점은 일의 분담과 전문화가 이루어지는 경우에 발생한다. 이 이점은 직업으로 엮어진 사람들뿐만 아니라 정상적인 형태의 교부금이 타 지역 간에도 분담과 전문화의 형태로 이루어진다.

우리는 이제 역내무역에서 이미 존재했던 요인들이 대외무역에서는 더욱 분명하게 나타났다는 것을 이해하게 된다. 과거에 서로 떨어져 있거나 알지 못하는 나라 간에도 의사소통이 이루어지게 되고, 이렇게 이루어진 유대관계가 때로는 본질적인 상업 활동으로써 지중해 연변에 위치한 이태리의 도시들, 혹은 북유럽의 상인조합도시 등에서 발전하기 시작하였다. 좀 더 자세히 말하면 해양과의 관계성을 떠나, 대륙 중심부에서도 의사소통의 요충지 안에 위치한 장이 서는 몇몇 대도시들이 눈에 띠게 번성하게 된 것이다. 그 예로, 트로이(Troyes), 오그스부르크(Augsbourg), 리옹(Lyon)을 들 수 있다. 이러한 무역관계 중 일부는 역사적인 큰 움직임이 일어날 당시 이루어졌다. 스페인의 코르도바(Cordoue), 톨레도(Tolède), 그라나다(Grenade)를 거대상업도시로 탈바꿈하게 했던 스페인 내 아랍인들의 정복과 정착이 이러한 경우에 해당한다. 또한 11세기부터 13세기에 이르기까지 서양의 기독교인들로 하여금 지중해 동부 연안지역의 부를 정복하게 했던 십자군의 영향도 마찬가지 경우라 할 수 있다. 특히 십자군의 경우는 그 자체의 방대함과 그로부터 초래된 영향의 중대함을 볼 때 매우 흥미롭다.

'십자군(la croisade)'이란 11세기부터 13세기까지 여덟 차례에 걸쳐 이슬람교도의 지배로부터 성도 예루살렘과 성지 팔레스티나를 구출해내기 위한 원정을 말한다. 이 사건은 먼저 심리적인 면에서 매우 중요성을 띠는데, 이 사건을 통해 유럽인들 사이에서 근본적인 신앙적 공감대가

조성되었기 때문이다. 실제로 이 모험에 열의를 가지고 뛰어든 것은 유럽의 기독교였으며, 십자군 병사들은 신에게 봉사한다는 믿음과 의무를 초월한 어떠한 임무도 완수하겠다는 확신을 가지고 있었다.

다른 한편으로, 십자군이 미친 장기적인 영향 또한 매우 중요하다. 사실상 십자군의 모험정신은 동양과 연관이 있다. 특히 인도에서 이름만 들어도 상인들을 황홀하게 만드는 상품(비단, 상아, 보석, 희귀 금속 등, 특히 많은 이익을 남기는 향신료가 주류를 이루었다)을 확보하면 부유해질 수 있다는 인식을 유럽 내에 정착시켰다. 실제로 향신료(후추, 정향, 계피, 생강, 샤프란)는 중량과 부피에 비해 특별히 가치가 높은 상품이고, 요리에도 유용하게 사용되어 향신료를 넣은 음식을 먹는 것을 특권으로 여겼을 뿐만 아니라 약재로도 쓰였기 때문에 더욱 수요가 늘어났다. 이 상품들은 주로 아시아에서 왔고, 콘스탄티노플은 상품 거래에서 지배적인 위치를 차지하고 있었다.

경제적인 면만을 봐도 십자군의 영향은 상당했다. 유럽과 지중해 동부 연안지역 사이의 교역증대를 기대할 수 있게 했고, 이태리의 몇몇 도시들 - 제노바(Gênes)공화국과 베니스(Venise)공화국 - 로 하여금 이익이 남는 무역에 적극 참여하도록 부추겼다. 이로 인해 초래된 경쟁 관계는 종종 비극적이고, 역설적인 양상을 보이기도 했다. 예를 들어 4번째 십자군(1202-1204)이 자라(Zara, 달마티아연안의 도시)에서 두 차례에 걸쳐 초토화 되자(특히 1204년에) 베니스인들에게 기회를 제공하게 되었고, 그 이후 아주 어렵게, 그것도 부분적으로만 탈환한 콘스탄티노플에서 실제로 십자군의 기습을 촉진시키는 계기를 마련하였다. 사람들은 성지에 대해서는 별로 관심이 없었고, 주목하는 것은 이 원정으로 베니스는 지중해를 주름잡는 무역 강국이 되었다는 것이다. 이태리 주요도시의 이 같은 통상확대로 인해 여러 가지 경제적인 결과가 발생하였다.

무역원정에 참여한 상인들은 그들의 경영방식을 세련되게 하는데 투자하기 시작하였다. 그리하여 12세기말이 되자마자 피렌체에서 복식부기 형태의 회계학이 등장하게 되고, 이는 1495년 베니스에서 루카 파치올리(Luca Paccioli)에 의해 체계화되었다. 다른 한편으로 이러한 경영을 위한 자본투자가 많아졌고, 무역에 참여한 국가에서는 활동하는 상인의 수도 많아졌다. 이로 인해 은행이 전례 없는 발전을 거두었으며, 법률상의 혁신도 이루어 졌다. 이 법적인 혁신의 예로 상업사회의 건설 또는 보험계약의 발전 등을

들 수 있다. 이러한 법적인 쇄신의 목적이나 이로 인해 변경된 많은 부분들은 '이자를 받는 대출(prêt à intérêt)'에 대한 금지조치를 교묘히 피해가기 위한 것이었다. 당시 이러한 대부이자의 금지가 규범으로 정해져 있었기 때문이다.

또 다른 면에서 십자군은 봉건제도의 변혁에도 간접적인 요인으로 작용했다. 십자군 원정을 떠나는 것은 이 원정에 연관된 영주들에게 많은 비용을 요구하였다. 그들은 종종 비용을 조달하기 위해 영주제로부터 나온 토지를 매각하고, 재정을 확보하기 위하여 그들의 지배 하에 놓인 도시에 자치권의 증서를 부여해야만 했다. 그들은 이와 같은 방법으로 사회의 도시화에 공헌하고 있었다.

인간과 상품의 교류가 급속도로 전개되었고, 특히 대규모의 교역을 통해 단시일 내에 부유해 질 수 있었으므로, 상인, 은행가, 선주(船主)들이 이러한 교역활동에 적극 참여했다는 것은 그리 놀랄 일이 아니다. 물론 이러한 거래에는 교통이나 정치제도의 불안정성, 그리고 항해의 불확실성 때문에 많은 위험요소가 있었으나, 단 한 번의 원정만 성공해도 상인은 큰 재산을 얻을 수 있었다. 따라서 모험심이 많은 사람들에게 있어서 이렇게 대담하게 사업에

뛰어들고, 재빨리 손을 떼는 것은 큰 매력으로 작용했을 것이다.

세상에 눈을 뜨다

동양에서 수입된 상품에 대해 적어도 일부라도 지불하는데 필요한 귀금속, 즉 금과 은의 부족이 일어나기 시작하면서 외부세계로 눈을 돌려야 한다는 생각은 더욱더 강조되었다. 그러나 화폐를 제조하기 위해 필수 불가결한 금속을 공급하기에 유럽의 광산은 충분하지 못했다.

중요한 발견들

유럽은 당시 잘 알려지지 않은 대륙으로 진출하는데, 단지 육로를 통해서만이 이들 지역에 도달할 수 있었다. 그러나 15세기말 더 쉽게 이들 지역에 접근할 수 있는 위대한 지리적 발견이 시작되었다. 이러한 발견에는 한가지의 공통점을 가지고 있었다. 항해사들은 짐을 옮겨 싣지 않아도 되었고, 콘스탄티노플의 점령(1453)이래 동양지중해 무역을 장악했던 터키인들의 위협을 피해 서인도제도를 향한 해로를 찾아낼 수 있었던 것이다.

이 원정이 가능했던 데는 몇 가지 요인이 있다. 첫째는 선박 제조기술의 발달로 항해사는 방향조절 장치인 키가 장착된 선박을 끌고 대양에 나갈 수 있었다. 둘째는 나침반의 이용과 항해 천문학의 발전이었다. 항해사들이 지중해는 갇혀있는 바다이므로 동쪽에서는 더 이상 무엇도 찾을 수 없다는 것을 알게 해 준, '지구는 둥글다'는 가설(프톨레미(Ptolémée)까지 거슬러 올라가는)의 대두로 항해사들이 대양의 길을 거쳐 서쪽을 향해 찾아가기를 재촉했다.

따라서 1492년에 스페인에서 출발한 제노바의 항해사 크리스토퍼 콜럼버스(Christopher Colomb)는 '일본과 중국의 땅을 밟았고, 대서양제도를 향한 길을 발견했다'고 믿었을 뿐, 신대륙을 발견했다는 사실은 깨닫지 못한 채 그의 항로를 중앙아메리카에서 끝냈다. 새로운 항로의 초기 발견자는 대서양 연안에 사는 사람들로 포르투갈과 스페인 사람들이었다. 특히 포르투갈 사람들은 적도 이남까지 내려가고자 했는데, 1497년 바스코 드 가마(Vasco de Gama)는 아프리카의 대서양 연안을 따라 희망봉을 돌아 칼리쿳(Calicut)[8]까지 여정을 연장하였다. 서부지역에서는 스페인과 포르투갈 사람들에 의한 아메리카 탐험이 계속되었다. 이윽고 스페인 사람들에 의해 멕시코, 콜롬비아, 페루가 정복되었고, 포르투갈 사람들은 브라질을 정복했다. 이러한 중요한 발견의 전성기는 1520년에 마젤란(Magellan)이 대서양과 태평양 사이의 해로를 발견하고, 필리핀 제도에 도달했을 때이다. 마젤란은 이 여행 중에 목숨을 잃었고, 그의 동료 중 하나가 희망봉을 돌아 세비야(Sévilla)를 찾아 떠났다(1523). 처음으로 인간이 세계 일주를 한 것이다. 폴 발레리(Paul Valéry, 프랑스 시인)가 400년 후에 내놓은 표현에 따르면, "종결된 세계의 시대(l'ère du

---

8) 인도 케랄라(Kerala)의 옛 이름

monde fini)"가 시작된 것이다.

통상확대의 결과는 유럽경제에 상당한 영향을 미쳤다. 지(知)적인 면에서, 유럽의 가장 통찰력 있는 사람들은 세계는 하나이고 유럽이 반드시 세계의 중심은 아니라는 점을 인식하였다. 이 유럽이 세계의 중심이라는 표현은 더 이상 아무런 의미가 없어졌을 뿐 아니라, 특히 교회가 믿음의 실체로 여겨졌던 진리에 반대하게 되었다. 경제적인 면에서 보면 사람들은 무역원정에 점점 더 많은 비용이 들어가고, 이러한 원정은 대량의 자본동원을 필요로 한다는 것을 깨닫게 되었다. 따라서 더욱 강해진, 그리고 대규모의 무역이 요구하는 항구 및 은행 서비스를 제공할 능력을 갖춘 거대 재정기관이 출현하게 된 원인이 바로 여기에 있었다.

이 새로운 가능성을 처음 발견한 사람들은 상인, 선박주인, 그리고 이태리의 은행가였다. 사실 제노바 사람들 특히, 베니스 사람들은 실제로 십자군 원정으로 인해 확대된 왕래와 수송(사람들의 수송도 포함)으로 최초로 이익을 취했었다. 특히 네 번째 십자군에서는 지중해의 대규모 상업에서 중요한 위치를 차지하여 라이벌이었던 비잔틴(byzantine)과 살로니카(Saloniciens)[9]를 따돌릴 수 있게 되었다. 피렌체의 은행가들은 지중해의 바셍(Bassin) 주변에서부터 아비뇽(Avignon), 리옹, 파리, 브뤼즈(Bruges), 런던(Londres)에 이르기까지 무역활동, 은행업무 및 교역활동을 확대해 나갔다. 엄격한 규율에 따라 생활하는 수도사들도 십자군원정이 있을 때에는 군주들에게 대출을 승인하는 위치에 서면서 자본의 중대한 관리자가 되었다. 이는 필립 르 벨(Philippe le Bel)의 존재가 사라질 때까지 신전의 질서로 남아 있었다.

이런 중요한 통상활동은 지중해나 동양과의 무역 관계에만 제한되는 것은 아니었다. 13세기부터 16세기까지 번영했던 한자동맹(Hanseatic League)10)을 결성한 도시들을 포함하여 북쪽 해안과 발트 해에서도 사실상 중요한 상업이 발달하였다. 르발(Reval), 뤼벡(Lübeck), 함부르크(Hambourg), 브레멘(Brême), 로스톡(Rostock), 스테틴(Stettin), 단치히(Dantzig), 코니그스베르크(Königsberg)와 같이 항구에 위치한 도시들은 쾰른(Cologne), 브레슬로(Breslau), 마그데부르크(Magdebourg), 크라코비(Cracovie)

---

9) 그리스의 도시 테살로니키(Thessaloníki)의 옛 이름.

10) 한자동맹(Hanseatic League) : 중세 중기 북해·발트해 연안의 독일 여러 도시가 뤼벡을 중심으로 상업상의 목적으로 결성한 동맹.(NAVER 백과사전)

와 같은 내륙에 위치한 중심도시와 협력하였고, 동시에 브뤼주(Bruges), 베르겐(Bergen), 런던, 노브고르드(Novgorod)에 해외 지사를 설립하며, 중부유럽, 스칸디나비아, 북유럽, 모스코비(la Moscovie)간의 무역을 장악하였다.

그러나 30년전쟁[11])은 한자동맹에 치명적인 결과를 가져왔다. 이 동맹의 쇠락은 베니스공화국의 쇠퇴와 마찬가지로, 스페인과 포르투갈의 중요한 발견이 가져온 영향과 함께 시작되었다. 이 중요한 발견이란 지중해나 발트해와 같이 닫힌 바다에 접해있는 나라에 비해 대서양 연안에 있는 나라가 확실히 우월한 위치에 놓이게 된다는 것이다. 이와 같이 여러 나라의 번영기에 상업지역은 상업, 회계, 은행 기술의 상당한 발전무대가 되었다.

이제 도시화, 대외무역과 더불어 상업적, 재정적 자본주의의 원동력을 결정지었던 통화, 금융의 보급에 대해 살펴 볼 차례이다.

---

11) 30년전쟁(Thirty Years'War) : 1618~1648년 독일을 무대로 신교(프로테스탄트)와 구교(카톨릭)간에 벌어진 종교전쟁. (NAVER 백과사전)

통화, 금융의 보급

사실 세계경제는 완전히 새로운 국면으로 치닫는다. 현금유통이 물물교환에 비해 부차적인 중요도를 지니는 폐쇄된 농촌사회에서 농업의 자가 소비는 우세한 위치를 차지하고 있었다. 그 이후 외국에 문호는 개방되고, 심지어 전 세계로 경제를 개방하면서, 새로운 사회에서 영주의 권력에 대한 종속관계는 상업적인 관계로 대체되었다. 재산은 더 이상 토지에만 국한되지 않았다. 재산은 돈의 액수나 수학적인 총액의 표시보다 부채에 대한 채권의 초과로서 제시되어 더 추상적이고 비물질적인 양상을 띠게 되었다. 이러한 변화를 설명하는 요인 중 하나가 시장에 나타나는 자본 수단의 성장에 구체적으로 나타나 있다. 이 변혁의 특징은 다음과 같다.

서로마제국의 몰락 이후, 금은의 화폐종류는 상당히 중요한 자본축적의 대상이었기 때문에 실질적인 유통에서 사라진 바 있었다. 그러나 13세기에 십자군 이후의 동양과의 대규모 무역재개로 인해 은화 심지어는 금화도 다시 등장하게 되었다. 이 동전은 아프리카와 동양 이슬람 국가와의 교역으로부터 온 것이었다. 그러나 상거래의 수요에 비해

금은 여전히 희귀했다는 것을 인식할 필요가 있는데, 이 시대의 사람들은 이러한 귀금속의 부족을 극복하기 위해 다음과 같은 다른 수단에 의존해야 했다.

첫째로 빈번히 금의 평가절하가 실시되었다. 이는 각인된 화폐의 금 함유량을 낮추게 하는 절차였으며, 이로써 금의 가치는 명백히 낮아졌다. 둘째로 금전상의 신용대출을 이용하는 것이었다. 엄밀한 의미의 신용이란 납품업자나 은행이 고객에게 제공한 대부금과 대출의 신용을 의미하는 것으로, 보상액이나 어음의 발행절차와도 관련이 있었다. 다시 말해서 은행의 어음이나 수표를 이용하는 방법을 말한다. 이것이 바로 이태리의 루카(Lucques), 제노바, 피렌체(Florence)나 베니스의 은행가들, 혹은 오그스부르크의 푸거(Fugger)일가[12]가 거대한 통상확대에서 매우 중요한 역할을 맡을 수 있었던 이유이다. 각 은행이나 무역회사는 유럽경제권의 중심에 연락사무소를 설치했는데, 이것은 그들의 거래활동을 위한 필수적인 조건이었다.

주목할 만한 해양발견은 이러한 변화를 강화시켰다. 넓은 범위에서 볼 때 이와 같은 탐험은 새로 획득한 대륙에서 금과 은을 얻을 수 있다는 희망이란 동기를 부여했기

---

12) 푸거(Fugger) : 15세기에서 16세기에 걸쳐 중요한 정치·경제적 영향을 행사했던 독일 재정가 일가 (역자 주).

때문이다. 이는 스페인 사람들에겐 더욱 특별한 일이었다. 16세기 전반부에 그들은 앙티유(Antilles), 멕시코, 페루 그리고 콜롬비아로부터 유럽으로 백여 톤의 금을 수입하였고, 세기 후반부에는 엄청난 양의 은을 수입하여, 1580년부터 금과 은의 총 생산량은 현지 생산을 포함하여 약 200톤에 달하였다. 그 이후 17세기 내내 브라질에서 들여온 금에는 스페인이 유럽으로 들여오는 금과 은이 포함되어 있었다.

16세기 후반이 되자 화폐로 이용되는 귀금속의 수입효과는 유럽 전체에 큰 영향을 미쳤다. 가격이 전반적으로 전례 없이 상승하면서 최초로 '화폐수량설'을 성립시키는 계기가 되었고, 또한 1568년에 장 보댕(Jean Bodin)이 드 말레스트루아(M. de Malestroit)에 맞선 논쟁에서 볼 수 있다.

좀 더 일반적으로, 화폐와 은행의 확대는 경제의 국제화라는 통로를 열어 주었고, 이러한 경제현상은 상업적, 재정적 무대로 상호 교류를 통하여 중개인의 명성을 높여 그들에게 신용거래의 조건을 형성하게 하였다. 16세기에서부터 17세기에 걸쳐 몇몇 도시가 무역의 주도권을 잡게 되는데, 그 무대는 순차적으로 베니스, 제노바, 세비야, 바르

셀로나(Barcelone), 리스본(Lisbonne), 앙베르(Anvers), 암스테르담(Amsterdam), 런던 등이 되었다. 이러한 추세는 지중해처럼 닫혀 있는 바다에 비해 대양이 우월하다는 점을 점점 더 분명하게 뒷받침 해 주었다.

한 편, 이와 같은 변화를 이루게 한 것은 해상교통의 비약적인 발전이었고, 다른 한 편으로는 각 시대의 거대한 경제력의 출현을 유발한 것은 지식, 전문기술 및 자본(필수적으로 축적에 의해 획득 된)의 누적적인 운동의 결과였다.

우리는 자본주의의 주요하고 명백한 특징이 지금까지 존속하고 있다는 점에 주목해야 할 것이다. 그들은 부의 축적과정, 의사소통 조직망의 활용, 은행·회계업무의 정교함, 성공요인에 대한 관심에서 유발된 사업운영의 합리성, 모험정신, 그리고 중앙·지방권력에 대한 독립정신을 말한다. 결론적으로 이러한 진정한 상업적, 재정적 혁명은 12세기부터 18세기까지 펼쳐졌고, 그 과정에서 중세가 종결되고 현대시대가 출현했음을 확실히 알 수 있다. 또한 18세기에 세계를 격변시킨 사건이 대두되었는데, 후에 이 사건을 '산업혁명(la révolution industrielle)'이라 부르게 된다.

산업혁명

산업혁명이란 표현은 18세기, 특히 1770년대부터 생산 공장 내에서 제조기술의 혜택을 받은 신속한 개선을 총체적으로 지칭하는 것이다. 쿠즈네츠(Kuznets, 1966)는 산업혁명의 시작을 1760년이라고 하지만, 앵거스 매디슨(Angus Maddison, 1995)은 이 혁명이 1820년 이후가 되어서야 숫자로써 통계자료의 파악이 가능하다고 말했다. 우리는 이러한 현상의 양적인 중요성을 규정짓는 기회를 접하게 될 것이다. 또한 그것의 본질도 구체화하여야 한다. 다비드 랑드(David Landes, 1998)는 다음과 같이 산업혁명의 세 가지 주요한 특징을 제시했다.

> 1) 인간의 기량과 노력에서 기계로 대체
> 2) 동물 자원의 에너지에서 무생물 자원에너지로 대체
> 3) 더 풍부하고 새로운 물질로의 대체, 특히 광물적 혹은 경우에 따라서 인공적인 물질로의 대체

시간적으로 한 발짝 물러서서 생각해 보면, 긴 변혁이 산업혁명 이전에 있었다는 것을 파악하게 되고, 이 변혁은 여러 정책으로 실행됐으며, 또한 이 변혁은 자본주의를 구

성하고 있는 모든 요소를 확연하게 드러내는 단계에 이르게 되었다. 따라서 왜 유럽이 산업혁명의 무대가 되었는지 이해할 수 있고, 유럽국가 가운데 몇몇 나라들(스페인, 포르투갈)이 이러한 대 변화와 거리를 두고 있었던 반면 다른 나라들(영국, 프랑스, 네덜란드)은 왜 이 운동에 역동적인 요인을 제공했는지 이해하게 될 것이다.

산업혁명 이전 단계는 기술적인 발전이 미비했다는 것은 단순한 통계에서도 분명하게 볼 수 있다[비록 통계가 불완전하지만 (매디슨, Maddison, 1995) p.17 참조]. 세계의 1인당 GDP(달러화, 1990)는 1500년에 565달러에서 1820년 651달러로 증가되고, 1992년에는 5,145달러가 되었다. 따라서 1820년과 1992년 사이에 급속도로 아주 새로운 기법으로 세계 경제를 추진시켜 전례 없는 성장률을 달성하였음을 알 수 있다. 어떤 요인이 경제적인 발전을 이루게 하였을까? 왜 이러한 경제도약이 초기에는 세계의 몇몇 지역에만 발생하고, 다른 지역에서는 나타나지 않았을까?

경제 도약의 원인

　행동의 측면에서 볼 때, 독립정신과 개인적인 책임감은 왕실의 권력과 절대군주에 대항하면서 발달되었다. 이는 예속을 벗어난 특권층으로부터의 독립과 해방의 의지를 암시한 것뿐만 아니라, 적절한 법적인 구조를 의미한다. 이는 재산권과 자유계약제도, 군주 자신을 법치국가의 일원으로 포함시켜 군주의 독재에 대항한 개개인을 보호하는데 적합한 법적 질서를 행사하는 법정 등이었다. 이것은 권력과 정립된 질서에 대한 복종이며, 존중받는 권위에 전반적으로 의문을 제기할 수 있는 정신적 변혁을 전제로 했다.

　이러한 관점에서 다음 두 가지 현상이 중요한 역할을 했는데, 바로 16세기의 종교개혁과 17세기의 과학혁명이었다. 막스 베버에서 토니(Tawney)에 이르기까지 개신교의 미학과 경제적인 행동 간의 관계에 중점을 두는 서적들이 많이 출간되었다. 여기에서 특히 막스 베버의 몇몇 분석의 통찰력 자체에 대해서는 의문을 제기하지 않을 것이다. 중세 말에 상인, 은행가와 이태리, 스페인, 포르투갈의 항해사들이 어떤 역할을 했는지 상기하면서 그 분석의 일반적인 타당성을 자리매김하는 것이 관건이다. 따라서 미지의 세계에 대한 중요한 발견과, 천문학에서 코페르니쿠스적 혁신이 미친 지적 분야의 격변을 이해해야 한다. 이러한 격변은 이후 유럽 중심적 환상이나 전통적인 천동설과 같은 관념을 배척하는데 이르게 된다.

한편 기술진보의 물질적인 관점에서 볼 때 유럽에는 중세 이래 농업발전 이외에 다수의 발명품이 등장하는 것을 볼 수 있는데, 이 발명품은 서로 결합되고 보강되어 생산질서가 현대화되는 전형적인 특성을 확인시켜주고 있다.[J. 짐펠(J. Gimpel, 1975)] 커다란 변혁이 급속도로 적용되었고, 더욱 많은 사람들이 발명품을 사용하게 되었는데, 물레방아13)의 경우가 바로 그것이다. 이 기구는 종이제조와 광학발전 사업에서 주로 쓰였으며, 보정렌즈나 관측기구의 제조에도 유용했고, 인쇄기와 측량기구의 경우도 이에 속한다[다비드 랑드(David Landes, 1998) 제4장]. 결과적으로 이러한 발명품의 출현으로 대량생산을 할 수 있게 되었고, 제조과정에서 준수해야 할 규범도 정립되었다.

---

13) 물레방아 : 서양에서 물레방아의 형태는 1세기경 이미 발명되어 3세기이후 유럽전역에 보급되었다. 이는 산업화시기까지 곡물가공에서 발전용, 직조용등 다용도로 사용되면서 산업혁명의 주역을 담당했다. 1774년 증기기관이 발명되며 이를 대체하게 되었다.

국가 간의 불균형

두 번째 의문사항은 왜 이러한 발전이 몇몇 나라 한정된 문명에서만 이루어지고, 다른 나라에서는 이루어지지 않았는가에 대한 것이다. 1인당 생산성에 근거해서 볼 때, 18세기의 주요 국가그룹(서유럽, 이슬람, 인도, 중국, 일본)이 상당히 비슷한 경제적 위치에 있었기에 이러한 의문은 더욱 제기될 만하다. 특히 아랍인과 중국인은 오랜 기간 동안 관리절차, 생산양식이나 방법 등을 개발했고, 그들과의 유대가 유럽의 산업혁명에 영향을 주었다는 것에 주목하게 된다. 그렇다면 서유럽이 생산방식 뿐만 아니라 가치관이나 사회적 활동의 물질적 일상생활에서 진정한 인간의 태도변화를 실현한 무대가 되었던 반면에, 타 민족은 제자리에 머물러 있었으니 이는 어찌된 일인가? 이 질문에 대한 구체적이고 엄밀한 해답은 결코 존재하지 않는다. 그러나 가설을 세워 볼 수는 있다. 다비드 랑드(David Landes, 1998)는 중국의 경우를 명쾌하게 분석하였다. 중국이 종이제조, 나침반, 인쇄술, 화약의 발명, 선박제조와 심지어 항해기술(12세기 이전의 중국 문서에 나침반 사용의 흔적을 발견할 수 있기 때문에)과 같은 중요한 분야에서 유럽을 앞섰다는 것은 놀라운 일이다. 따라서 이러한 분야를 유럽이 어떻게 중국의 문명을 앞지르게 되었는지 의문을 제기할 수 있다. 앞서 언급한 각 분야에서 이에 대한 대답을 구할 수 있다.

국가혁신에 대한 전반적인 연구에 따르면, 과중하고 복잡한 제국의 행정관리, 진정한 시장 또는 재산권 제도의 부재는 국가개척을 장애에 부딪치게 한다. 게다가 유럽인은 유럽에 무엇이 없는지 알았고, 그것을 찾으러 동양으로 갔지만 이러한 분명한 동기가 중국에는 없었다. 무엇보다도 중국인은 그들의 제국이 세계의 중심이라 여겼고, 그들은 외부 세계에서 일어나는 것에 대한 호기심을 전혀 느끼지 못했다. 따라서 경제적인 침체 요인도 이에 연관되어 있었다.

이슬람의 경우도 이에 못지않게 시사하는 바가 크다. 아랍인은 8세기부터 12세기까지 과학, 철학, 의학을 지배했었다. 이들은 이베리아 정복을 통해 예술, 상업, 사고의 훈련이 성숙하여 문명이 크게 발달하였고 세련된 지역을 조성하였다.

11세기까지 아랍인은 스페인과 매우 풍부한 문화적 교류를 하였고, 기독교인에게 그들의 그리스 유산의 일부와 다시 관계를 맺도록 허가하는 단계까지 이르렀다. 이 모든 것은 아랍세계의 미래가 밝다는 것을 여실히 보여주었으나, 정확히 말해서 11세기 내내 이슬람의 창조적인 역량은 과학, 종교의 가르침을 얻은 젤로트당원(zélotes)에 의해 한순간에 사라졌다. 그들은 경계심을 가지게 되었고, 결국은 서양의 문물수용도 거부하게 되었다. 이러한 쇄국정책은 이슬람 세계의 오랜 경제적 쇠퇴의 원인이 되었다.

여기서 중국이나 이슬람이라는 이 두 찬란한 문명이 침체로 치닫게 된 것은 외부와의 관계 거부였다는 것을 알 수 있다. 이와는 반대로 유럽의 전례 없는 발전을 촉진시켰던 것은 모험정신과 외부로의 개방이었다. 그리고 이 개방은 르네상스의 인본주의와 함께 이미 시작되었다는 것을 주목해야 할 것이다. 왜냐하면 기독교인에게는 교회의 규범으로부터 멀어지는 한이 있더라도 문학, 철학, 예술, 고대의 위대한 창조와 함께 관계를 다시 맺는 것이 중요했기 때문이다.

이런 점을 숙고해 볼 때, 일시적, 영적인 것으로부터의 분리가 유럽 내에서 확실히 자리 잡게 되었다는 것을 분명히 덧붙여야 할 것이다. 그런데 이러한 분리는 자유비판의 정신에 부응하였고, 결과적으로 철학사상과 과학의 비약적인 발전을 촉진시켰다.

연구를 계속하다 보면 왜 스페인, 포르투갈 같이 서양 기독교국가에서 중요한 해양발견을 하는 시점에 있었던 나라들이 영국, 네덜란드, 그리고 프랑스까지 이후에 이 기독교 국가들을 앞지르게 되었는지 자문할 수 있을 것이다. 일반적으로 이베리아반도 나라들의 상대적인 쇠락은 신대륙에서 보물을 발견한 뒤, 이 물건들을 생산적인 목적으로 사용하지 않은 채 금리처럼 이것들의 소유 자체를 즐기는 것에 그쳤기 때문이라고 여기고 있다. 결론적으로 이 보물들을 경제적인 부로 보고, 그들의 영광에 머물도록 이들을 부추겼던 중상주의적인 환상 때문이다.

산업혁명의 형태

엄밀한 의미에서 산업혁명을 재조명하기 위해 그 현상의 주요한 몇 가지 특징을 간략하게 평가할 필요가 있다. 우선, 그 방대함이다. 우리는 이전에 이 같은 1인당 생산성의 증가율을 기록한 적이 없다. 예를 들어, 50년간 방적공장의 생산성은 몇 천배로 증가했고, 같은 기간에 직조, 주조업, 신발제조업의 생산성은 몇 백배로 증가했다. 혁신은 주로 에너지원의 사용에서 일어났다. 특히 석탄의 사용과 증기기관으로 인한 기업의 생산력은 과거보다 훨씬 높아졌다.

이 모든 것이 어느 하나 미리 계획된 것은 없었다. 기업은 시장의 자력에 따라 운영되고, 다양한 산업 간의 필요에 따라 자발적으로 상호 연결이 나타났다. 예를 들면 기계공정과 직물공업, 철강공업과 기계, 철도 수송과 일반적인 산업발전과의 연결 등이다. 하나의 분야가 발달함에 따라 문제점도 제기되었다. 예를 들어 방적공장이 기계화되면서, 그들의 넘치는 생산량을 직물공장에서 더 이상 소화할 수 없게 되었다. 따라서 직물공장도 전면 기계화로 혁신하여 증기기관으로 가동되는 새로운 직물제조기를 가동시켜야 했다. 이는 산업생산의 일반적인 경향이 되었다.

이러한 발전은 누적적으로 형성되고, 불균형 현상과 재 쟁취의 경향을 띠었다.[허쉬만(Hirschman, 1958]. 혁신은 총체적으로 이루어지는 듯 했다. 이는 기업으로 하여금 새로운 상황에 적응하도록 하는 경쟁적인 시장으로부터의 압력이었다.

은행의 역할 증대

역사적으로 여러 국면을 종합해 볼 때, 일상 업무에서 은행의 역할이 대두되고 확고해지는 것을 알 수 있었다. 특히 대규모 상거래의 자금조달 면에서 기업이 필요한 자본을 집중시키고 동원하는 것을 가능하게 했던 것이 바로 은행이었다. 물론 산업화와 더불어 은행은 적어도 해양무역 못지않게 자금을 필요로 하는 산업에 자금조달의 역할을 증대시켜 나갔다. 따라서 19세기 전반에 걸쳐 기업고객을 대상으로 하는 투자은행과 기업은행이 설립되었고, 그 이후 장기적으로 투자하는 가정과 기업의 저축패턴을 변화시킨 저축은행이 생겨나게 되었다. 이러한 은행의 구분은 나라에 따라 다소 엄격하게 적용되었다.

전반적인 생산조직

일반적인 생산조직 자체는 무엇보다 먼저 사회변화의 영향을 받았다. 새로운 생산방법으로 인해 소위 '오두막 산업(le cottage industry)'이라고 일컬어지는 가내공업의 시대는 막을 내리게 되고, 급여제도나 방대한 작업장 내의 노동력 집중은 산업사회의 관례가 될 정도에까지 이른다. 이를 잘 보여주는 예가 몇 가지 있다. 먼저 완벽한 신기술을 갖춘 현대적인 기업을 설립하려면 상당한 자본을 필요로 하게 되는데, 이는 가내공업으로써는 능력 밖의 일이었다. 또한 업무 분담의 효율을 극대화하기 위해 협동하는 모든 노동자에게 일정한 규율이 요구되었다. 산업혁명은 전형적인 자본주의적 현상이었고, 자본주의 외에 다른 조직에서는 결코 이러한 현상을 촉진시킬 수 없었다.

이러한 변화는 새로운 세계로의 전환을 불러왔다. 마르크스는 '공산주의 선언문(le Manifeste communiste, 1848)'에 이렇게 기록했다. "중산계급은 기껏해야 100년의 지배기간 동안, 양적으로 더욱더 늘어나고 규모도 커진 생산력을 창조해 냈는데, 이는 이전의 모든 세대를 통틀어도 하지 못했던 것이다." 변화의 특징이라고 할 수 있는 것은, 먼저 가정용 소비재의 생산비율이 더 증가했다는 점이다. 따라서 이로 인해 분야별 노동력의 양상이 바뀌었다. 영국에서 1912년에 농업에 종사하는 사람은 그 당시 전체 노동인구의 12% 밖에 되지 않았고, 1951년에는 5%에 불과했다. 프랑스의 산업화 속도는 훨씬 더 느렸다. 농업인구 비율은 1789년 60%, 1866년 55%, 1951년 31%, 1972년에는 12.7%로 감소, 그리고 1994년에는 5%에 지나지 않았다.

산업혁명의 또 다른 효과는 바로 인간생활의 여건이 변화한 것이다. 산업혁명이후 소비자들은 이전에 사용할 수 없었던 물품들을 점점 더 많이 사용하게 되어 기술적인 발전이 가져다준 혜택을 누리게 되었다. 그러나 산업화 초기에 최하위의 저소득층에게 갑작스럽게 몰아닥친 생활 및 노동방식의 변화가 많은 시민들의 생활여건을 비극적으로 악화시켰다는 점을 간과해서는 안 될 것이다. 따라서 19세기에 '사회문제'가 제기되었고, 사회운동의 기반 위에 그 영향이 오늘날까지 여전히 이어지고 있다. 이것이 사회주의적인 학설이 출현한 배경이다.

결국, 우리는 전반적인 경제변화 자체의 본질과 이러한 변화의 추이를 조절하는 리듬이 현격히 변화되었다는 것을 염두에 두어야 한다. 산업혁명 이전의 유럽 국가는 전형적인 농업 국가였다. 따라서 경제 동향을 규정짓는 것은 풍년과 흉년이었다. 그러나 그 이후 경제 활동의 순환을 지배하는 요인은 산업과 신용의 움직임이 되었다. 어쨌든 자본주의의 탄생과 발전이 지역과 국가 상호간의 개방, 지방권력으로부터의 생산자 해방, 교회로부터의 정신적 해방, 그리고 현물거래에서 화폐거래의 대체를 가능하게 했다는 것은 전술한 역사적인 개요를 통해 기억해 두어야 한다. 이러한 여러 측면은 서로 연관되어 있었다. 결론적으로 이러한 관계에 대한 연구를 위해서 역사적 전개과정을 살펴보았다.

제 2 장

경제활동의 리듬

제 2 장

경제 활동의 리듬

시대별 대조

1820년부터 오늘날까지의 경제활동의 추이를 살펴보면, 일정한 속도를 가지고 획일적으로 진행되지 않았다는 점은 확실하다. 앵거스 매디슨 [Angus Maddison, (1982, 제4장), (1995, 제3장)]은 이 진행과정을 다섯 단계로 구분하였는데, 각 단계는 분명하게 구분되며, 단계마다 고유의 특성을 가지고 있다. 각각의 단계는 1820년-1870년, 1870년-1913년, 1913년-1950년, 1950년-1973년, 그리고 1973년-현재로 나뉘어 진다. 이러한 구분은 이론적인 가설에 의한 것이 아니라, 오직 각각의 단계를 특징지었던 역사적 내용과 성장률(국내총생산 혹은 1인당 국내총생산)에 대해 알려진 사실에 기반을 두고 이루어진 것이다. 매디슨은 위에 제시한 시간적인 주기, 즉 전반적인 경제활동의 주기를 알아내기 위해 번스(Burns)와 미첼(Mitchell,1946)의 연구지도 아래 1940년대에 NBER[14]이 도입했던 방법에 가까운 경험적인 방법을 사용했다. 여기에서 위에 제시한 주기가 점점 짧아진다는 점을 알 수 있는데, 이는 일종의 '역사의 가속도'를 연상시킨다. 서유럽의 경우 1인당 실제 국내총생산의 연간평균증가율은 1820년부터 1870년까지 1.0%, 1870년부터 1913년까지 1.3%, 1913년부터 1950년까지 0.9%, 1950년부터 1973년까지 3.9%, 1973년부터 1992년까지 1.8%, 그리고 1820년부터 1992년까지 전반에 걸쳐 1.8%였다.

각 단계의 역사적인 특징을 살펴보면, 제 1기(1820-1870)는 관련지역의 점차적인 산업화시기에 해당한다. 이 시기에 산업혁명이 일어나게 되고 대외무역의 자유화도 지속적으로 일어났다. 따라서 이 시기에는 대외무역이 세계생산량에 비해 4배 더 빠르게 신장되었다는 점을 알 수 있다.

---

14) 美국립경제연구소 (National Bureau of Economic Research)

제 2기(1870-1913)는 비교적 평온한 시기였을 뿐만 아니라 풍요의 시기이기도 했다. 이와 동시에 기술 발전의 세계적인 확산, 생산요소(인간 뿐 아니라 자본)의 엄청난 유동성, 통신과 교통의 발전이 이 시기에 이루어졌다. 자유무역이 지속적으로 이루어지고, 국가의 고정된 교역관련규정과 함께 금본위제도를 도입했다는 점을 미루어 볼 때, 이들 국가의 대부분은 자유체제가 지배적이었다는 것을 알 수 있다. 특히 정부는 경제에 거의 개입하지 않았다. 공공지출 그리고 이에 따른 징세 역시 삭감되었고 국가는 질서, 방위 그리고 공공교육을 유지하는 왕의 권한을 행사하는데 만족했다.

제 3기(1913-1950)는 양차대전과 세계적 위기로 얼룩진 비극적인 시기였다. 이 시기가 이전 시기와 정반대의 양상을 보인다고 생각하면 이 시기를 대체적으로 특징지을 수 있을 것이다. 자유무역은 보호주의로, 자유경제는 전쟁경제로, 이후엔 계획경제로 대체되었다. 몇몇 유럽 국가들은 전체주의 체제를 갖추었다. 결국 제 2차 세계대전의 준비로 자원이 동원되고, 이로 인해 민수용 자원은 더 이상 충분하지 않았다. 1939년부터 1945년까지 전쟁이 계속되었다. 이에 따라 엄청난 수의 희생자 및 물질적 파괴가 있었을 뿐만 아니라, 제 1차 세계대전 이후 폭 넓게 전개되었던 경제카드의 재분배도 이루어졌다. 즉, 교전중인 유럽국가는 이 두 국제적 분쟁을 통해 상당한 경제적 어려움을 겪은데 반해, 부와 경제력의 재분배는 영토의 피해를 보지 않고 그들의 기술혁신역량과 생산체제의 모든 자원을 전쟁에 투입한 미국에게 유리하게 작용했다.

다음은 제 4기(1950-1973)이다. 장 푸라스티에(Jean Fourastié)는 이 시기를 '영광의 30년'이라고 명명했다. [실은 푸라스티에가 제시한 시기보다 다소 짧은 기간이다] 이 시기는 경제 부흥기로서 서구국가는 경제사의 진정한 황금시기였다. 이 시기를 지배했던 몇 가지 역사적 사건이 있다. 이는 극히 비극적이었던 전쟁 이후 재건의 필요에 의한 도약기였고, 이후 동구와 서구 간의 '냉전'도 시작된다. 이로 인해 서유럽 국가와 미국은 동맹관계를 맺게 되었고, 이러한 동맹의식은 특히 '마셜플랜'으로 나타났다. 또한 잇달아 미국정부는 방위뿐만 아니라 경제 질서에 대한 책임을 수행하려는 의지를 표현하였다.

따라서 미국은 자유무역경제를 증진시키기에 적합한 제도적 장치를 마련하는데 앞장섰다. 미국은 또한 서유럽 국가가 지역단위의 경제협력공동체를 설립할 것을 장려하였다. 이러한 미국의 노력의 일환으로 유럽경제공동체(EEC)가 탄생하였다. 국제통화기금(IMF), 세계은행(the World Bank), 유럽경제협력기구(OEEC), 그리고 경제협력개발기구(OECD)는 여기서 긍정적인 기능을 수행하였다. 이 회복기간 동안 유럽 및 아시아 국가는 이러한 움직임에서 특히 혜택을 보았다. 이들 국가들의 물적·인적투자의 성장률, 그리고 국제무역성장률(서유럽 연 8.6% 성장)이 이를 입증하고 있다.

이 과정에서 미국은 경제정책 운용측면 뿐만 아니라, 투자와 기술의 발전 면에서도 중심적인 모델 역할을 하였다. 반면에 이 시기에는 흔히 복지국가(welfare state)의 정책이라고 지칭했던 '사회보장정책'이 만들어졌다. 그리고 일반적으로 케인즈(Keynes) 학설의 영감을 받은 총수요 정책이 추진되었다. 또한 자동안정화장치(les stabilisateurs automatiques)와 경기안정책이 실시되었고, 아울러 지속적인 경제성장이 실현되어 경제주기의 개념이 사라진 것 같이 보였다. 이 기간에 국가 간의 경제적인 국경이 사라지는 현상이 일어나기 시작하고, 이러한 움직임의 특징은 외환관리의 점차적인 철폐라고 할 수 있다. 따라서 서구국가와 극동지역에서 화폐의 일반적인 교환성의 성향이 확고해지게 되었다. 결론적으로, 경제의 세계화를 향한 큰 걸음을 내딛기 시작하였다.

제 5기(1973-1994)는 좋지 않은 분위기로 시작되었는데, 키푸르(Kippour)전쟁과 이란의 이슬람혁명(1973년과 1979년)의 결과로 나타난 두 차례의 석유파동 때문이었다. 이 충격은 세계경제 성장구도에 갑작스러운 변화를 가져왔고, 또한 인플레이션과 실업의 증대를 심각하게 유발하였다. 석유소비국에서는 갑자기 유가가 치솟고, 이로 인해 이들 국가는 생산비 상승과 동시에 원리금상환이 상당히 어렵게 되었다. 이제 유럽경제공동체의 가장 긴급한 과제는 석유가격의 안정이었다. 이를 위한 기준, 다시 말해서 회원국가의 통화정책을 규정하는 기준은 독일의 마르크(mark)였다. 독일(서독)의 경제정책은 사실상 유럽에서 좋은 경제의 표본으로 여겨졌다. 특히 독일의 주요한 무역상대국인 프랑스는 독일의 모델을 따르려고 노력했다. 그 결과 1983년부터 독일의 사례가 프랑스 경제정책의 기본원칙이 되었다.

경기부양을 위한 케인즈 식의 정책의 포기는 1992년 마스트리히트(Maastricht)조약에 규정한 EU의 경제통화동맹의 전조가 되었다. 독일 마르크에 대해 프랑스 프랑(franc)

을 고정시킨다는 결정은 대체로 비판적이었으며, 특히 통일독일(1989) 이후에는 그 비판이 더해졌다. 왜냐하면 프랑스를 포함한 독일연방의 주요한 교섭 국가들은 그 화폐의 과대평가로 통일독일의 부담을 일부분 감내해야 했고, 또한 고용문제로 야기되는 어려움도 수용해야 했기 때문이다. 그러나 유럽공동체 내에서 독일의 입지를 강화시키기 위한 정치적인 결정이 필요 하였는데, 이는 프랑스의 유럽연합에의 참여가 우선적이라는 것을 잘 보여주는 것이었다. 그래서 1992년부터 프랑스와 같은 국가를 유로지역(euro zone)에 가입시키는데 대한 문제가 제기되기 시작했다.

유럽의 자본주의국가는 그 이후 마스트리히트 조약에 따라 가격의 안정을 위한 정책을 실시하였고, 이것이 1997년 암스테르담 조약에 의한 예산계획으로 이어졌으며, 동시에 '안정과 성장협정'을 체결하게 되었다. 이와 같은 노력의 결과로 단일화폐인 유로(euro)가 도입되었다. 1999년 11개국, 그 이후에는 12개국이 유로를 사용하기 시작했고, 2002년 기존 자국 화폐의 실질적인 소멸이 이루어 졌다. 대량실업이 유럽지역에서 만연하였으나, 상당한 유연성을 지닌 노동시장이 운영되는 나라는 어느 정도 피해를 면하였다. 영국과 북유럽 국가가 이 경우에 해당하였다. 일반적으로 프랑스, 독일과 남부 유럽국가가 경직된 구조적 요인에 의한 실업을 경험하였다.

이 기간의 연결 관계를 설명하기 위해서는 콘드라체프(Kondratieff)와 슘페터(Schumpeter,1883-1950)가 양차대전에 대해 주장하였던 가설을 살펴보아야 한다. 이는 경기변동의 장기파동에 대한 가설이다.

주기와 혁신
장기 주기에 대한 가설

경기순환주기 관점에서 생각해 볼 때, 1912년 슘페터는 자본주의 경제는 혁신으로 인해 발생하는 불균형 때문에 진화했다고 주장한 바 있다. 균형은 단지 정지상태의 경제운영에서만 존재할 뿐이다. 그런데 그 특성상 자본주의 경제란 역동적이고, 절대 정지된 상태로 있지 않는 성질이 있다. 자본주의 경제를 불균형하게 만들고, 동시에 발전하게 만드는 것은 혁신이다. 산업혁명이 연속적인 불균형의 보완으로 묘사될 수 있다는 점을 기억하자. 그런데 슘페터는 기업가가 결과적으로 이익을 보기 전에 혁신에 대한 자금조달이 사전에 되어 있어야 한다고 했다. 자금조달은 통상은행이 부여하는 자금에 의해 보장된다. 혁신은 한 분야에서 다른 분야로 전파되고, 개혁은 하나하나 발생한다(슘페터는 실제로 혁신은 '다발적(grappes)'으로 일어난다고 주장한다). 이 모든 과정에서 우리는 위험을 무릅쓰게 된다는 것을 자연스럽게 이해할 수 있다. 왜냐하면, 그것이 성공할 수 있다는 가능성 외에 혁신만큼 예측불허인 것은 없기 때문이다. 이러한 분위기 안에서 시도한 계획이 모두 성공할 수는 없고, 채무에 대한 회계감사를 해야 하는 때가 온다. 일부 채무기업은 이 단계까지 이르지 못하고, 기대는 그 의미가 바뀌어, 그들의 낙관주의는 비관주의로 바뀌게 되고, 연쇄 파산도 발생하기에 이른다. 이것이 바로 많은 경제 분야에 영향을 끼치는 '경제 불황'이다.

슘페터는 그의 저서인 『경기변동(Business Cycles, 1939)』에서 장기의 시간을 두고 관찰하였다. 그는 경제현황을 장기간 관찰해 본 결과, 실제로 세 가지 형태의 순환을 엿볼 수 있다고 주장한다. 키친(Kitchin)주기(대략 평균적으로 40개월)는 재고의 움직임에 해당한다. 즉, 재고를 형성하고 재고품을 줄이는 시기이다. 이 주기는 쥐글라(Juglar) 주기에 포함되는데, 쥐글라 주기는 현재까지 경제학자들의 주된 논의대상이 되고 있다. '쥐글라'란 이 주기의 존재를 처음으로 알아냈던 프랑스 경제학자 클레망 쥐글라(Clément Juglar, 1819-1905)의 이름에서 따 온 것이다. 이 주기는 평균적으로 10여 년 동안 펼쳐지는데, 일반적으로 생산적인 투자임에 해당되고, 슘페터는 1912년 저서에서 이 움직임에 관심을 집중하였다. 전반적으로 볼 때 이 시기의 분석을 통해 알 수 있는 것은 투자는 결국 초기 목적을 넘어선다는 점이다. 따라서 조정활동(le mouvement de correction)이 불가피하게 되는 상황에 이른다. 일부의 경우, 투기거품이 형성되므로 조정활동은 더욱 불가피하고, 이 경우 조정은 급작스럽게 일어난다. 결론적으로, 초과하지 않는 확장은 없고 자본주의 경제의 발전을 끊임없이 특징짓는 것은 이러한 경기변동에 따른 것이다.

결국 슘페터는 러시아 경제학자 니콜라이 콘드라체프(Nikolaï Kondratieff, 1892-1931)가 가졌던 사상을 재수용 했는데, 콘드라체프는 경제활동의 장기파동, 즉 쥐글라 주기가 포함되어 있는 대략 40년의 주기가 있음을 간파했다고 보았다. 슘페터는 이 긴 주기 동안 주요 혁신이 이루어진다고 보았다. 일반적으로 개혁(슘페터는 또한 많은 경우 '새로운 수단'이라는 표현을 사용하곤 했다)은 기업인의 특성으로 간주되었다. 슘페터는 분명히 개혁이 내포하는 의미에 대해 매우 광범위하고도 포괄적인 시각을 가지고 있었다. 이러한 개념은 새로운 비물질적, 물질적 재화에 뿐만 아니라 새로운 기술에도 적용될 수 있는데, 약간의 개혁으로 인해 세계의 경제역사는 바뀌게 되는 것이다.

슘페터는 이 중요한 사건(주기)의 연대나 콘드라체프의 장기주기의 기간에 대해서는 구체적으로 명시하지 않았다. 그는 쿠즈넷(Kuznets)과 레드베르 오피(Redvers Opie)와 같은 그의 동료 중 몇몇의 제안을 기꺼이 수용했다. 그의 분석[발레리(Valéry, 1999)]을 보면 다음의 주기를 알아볼 수 있을 것이다. 즉, 이 주기는 확장기의 초기부터 쇠락의 시기 말까지다. 콘드라체프 제 1기(1785-1845)는 첫 번째 산업혁명에 해당하는데[카롱(Caron, 1985)과 베를레(Verley, 1997) 참조], 이 혁명은 수력발전, 직조산업, 그리고 철강 산업으로 특징지어진다. 콘드라체프 제 2기(1845-1900)는 증기기관, 철도 그리고 철강 산업에 해당하고, 제 3기(1900-1950)는 전기, 화학, 그리고 내연기관을 포함한 것이다. 제 4기(1950-1990)는 석유화학, 전자공학, 항공 산업을 포함한다. 많은 경우 1990년에 5번째 콘드라체프 주기가 시작되었다고 보는데, 이 시기는 디지털 망, 소프트웨어, 그리고 신 미디어산업이 포함되고, 이 주기는 2020년 무렵에 끝날 것이다. 즉, 주기를 물결로 볼 때 이 무렵은 물결의 패인 곳에 해당한다. 그러나 이러한 설명을 너무 문자 그대로 해석해서는 안 된다. 왜냐 하면 이 설명은 정확한 통계자료에 기반을 둔 것이 아니기 때문이다.

그러나 이 설명이 개연성 있는 범위에서 경제주기의 규칙적인 리듬에 대해 알려주고 있다는 사실은 분명하다. 여기서 이미 매디슨 시기의 연결과정에서 관찰했던 한 현상을 목격하게 된다.

즉, 콘드라체프 주기도 갈수록 짧아진다는 것이다. 첫 번째 주기는 60년까지 확장되고, 다음 기간은 각각 55년, 50년, 40년, 그리고 30년을 넘지 않는데, 이는 '역사의 가속도'와 같은 현상이라고 지칭해도 좋을 것이다.

역사의 가속도

역사에 가속도가 존재한다면, 그것은 다음 세 가지 요인에 의해서 이다.

첫째, 학습효과를 지적할 수 있다. 기업과 소비자는 새로운 것에 대해 관심을 집중시키고, 따라서 그것을 즉시 도입할 것이다. 가장 역동적인 분야에서 '기술의 여명(la veille technique)'이 성장하고 있음을 이 현상의 증거로 꼽을 수 있다.

둘째, 조직망의 혁신을 지적할 수 있다. 혁신, 즉 '5번째 콘드라체프 주기'인 조직망의 혁신[카롱(Caron, 1997) 참조]인데, 이것은 정보와 통신의 새로운 기술(NTIC)과 관련된다. 이 혁신은 기하급수적으로 발전하는 경향이 있고, 모든 경제활동 분야에서 동시에 일어나며, 규모의 경제에 의한 단가의 하락을 유발하는데, 이는 구체적으로 네트워크 효과가 미치는 영향을 말한다.15) 따라서 이 새로운 기술적 혁명의 전유물은 수익증가로 나타나고, 이렇게 새로운 산업혁명이 일어난다는 것은 의심스러운 일이 아니

---

15) 한 가지 예가 이 점을 설명하는데 충분할 것이다. 인터넷 사용에 대한 관심은 더 많은 사람들이 그것에 가입되어 있기 때문에 더욱 크다. 그것은 때때로 '클럽효과(l'effet de club)라고 불린다. 멧칼프(Metcalfe)의 법칙에 의하면 네트워크의 가치는 대략 사용자의 수의 제곱으로 여겨진다[우드올(Woodall), 2000].

다. 1965년 이래로, 인텔(Intel)의 창시자 가운데 한 사람인 고든 무어(Gordon Moore)는 하나의 예측을 했으며, 이 예측은 그 이후 입증되었다. 그것은 '무어(Moore)의 법칙'으로 알려져 있는데, 이 법칙에 따르면 실리콘 반도체 칩이 매 18개월마다 2배가 된다고 한다. 연관활동으로서 원거리 통신, 기업 서비스, 인터넷 사업 등은 흔히 '신(新)경제(new economy)'라고 불리는 범주에 들어간다는 것이다.

셋째, 혁신의 신속한 전파성이다. 이러한 혁신이 광범위하게 비물질적인 특성을 띠고 있기 때문에 거리와 국경을 초월하여 신속하게 전파된다. 그러므로 혁신은 경쟁력을 제공하고, 앞으로 국제경쟁력을 갖게 된다. 세계경제에서 볼 때 혁신에는 국경이 없으므로 활동부문에 관계없이 혁신은 기본적으로 생산력의 증대로 나타나게 된다. 신기술로 인해 일정수의 사람이 고객이나 공급자와 거래할 수 있는 시장 수가 늘어나게 된다. 또한 보다 적은 비용으로 사용 가능한 정보를 얻는 것이 가능해진다. 현재 진행 중인 움직임은, 그것이 '신(新)경제'의 영역뿐만 아니라 모든 분야에 영향을 끼친다는 의미에서 산업혁명의 모든 특성을 보여준다. 생산단가의 하락, 신기술, 새로운 조직체계의 적용, 신제품 개발 등 지난 산업혁명에서 목격했던 모든 요소들의 이러한 움직임은 심지어 전통적인 경제에 속하는 기업에도 발생한다.

장기간 '솔로우(Solow)16)의 역설'에 근거를 두어왔는데, 솔로우는 1995년에 이렇게 선언했다. - "컴퓨터는 생산성의 통계를 제외한 모든 곳에 있다." 실질적으로, 1980년부터 1995년까지 미국의 생산성은 연간 1% 밖에 증가하지 않았다. 반면 1995년 이후로 생산성은 2.6% 증가하였다. 경제활동 인구구조 자체도 이로 인해 영향을 받았다. 왜냐하면 이 현상으로 인해 서비스 부문에서 상당수의 새로운 직종이 창출되었기 때문이다.17)

일반적으로 신경제 속에서의 기업은 두 그룹으로 분류될 수 있다. 다시 말해, 기업간 거래하는 B2B(business to business) 기업과 대중간의 거래인 B2C(business to consumer) 기업으로 나누어진다. 따라서 가정용 컴퓨터와 인터넷 접속의 보급은 소비패턴, 심지어는 삶의 방식에도 근본적인 변화를 가져오는 추세를 나타낸다. 이와 동시에 새로운 필요사항이 생겨나게 되고, 이를 충족시키기 위한

---

16) MIT 교수이자 노벨 경제상 수상자
17) 이 과정의 역동적인 분석은 다니엘 코헨(Daniel Cohen)(1999)에게서 찾을 수 있을 것이다.

새로운 기업이 탄생하게 된다. 그러나 이러한 '웹 효과 (l'effets de réseaux)'에도 불구하고, 기업은 일반경제 법칙에서 벗어나지 못한다는 것을 잊어서는 안 된다. 일반 경제법칙은 기업이 그들의 투자에 자금을 조달하는 것과 새로운 자본을 끌어들이기 위해 흑자이윤폭을 추출(dégager une marge bénéficiaire positive)해야만 한다는 것이다.

따라서 산업혁명의 현실과 본질에 대해 신중한 태도를 취하는 편이 좋을 것이다. 왜냐하면 관찰자에게 있어서, 눈앞에서 시작되는 긴 움직임을 간파하는 것보다 더 어려운 것은 없기 때문이다. 비록 이 움직임이 현실적으로 존재한다는 것이 확인되었다 할지라도, 이 현상이 눈에 띠는 효과를 내는 데는 오랜 시간이 걸릴 수 있다. 철로나 전기 보급과 같은 중대한 혁신이 오랜 시간동안 지연되었고, 그것에 참여한 기업이 상당수 파산하였다는 점을 상기해 보자. 단지 엄청난 기술혁신이 모든 경제 분야에 걸쳐 일어나고 있을 뿐이다. 따라서 이것이 콘드라체프 주기의 시작을 의미한다는 것이 비현실적인 것은 아니지만, 여기서는 이성적 사고가 필요하다. 콘드라체프 주기 중 경제적 발전 시기 도중에도 주기적 변동은 있게 마련이었다. 일부 변동은 기업에 치명적인 타격을 입히고, 기업은 이러한 변동의 희생자가 되었다. 특히 신(新)경제 안에서의 기업은 흔히 투기거품에 휩싸였고, 이는 불가피한 조정 작업을 촉구하였다. 이는 기존의 쥐글라 주기이론이 지속적으로 중요한 연구대상이 될 것이라는 점을 시사한다.

혁신과 독점

이제 슘페터가 1942년부터 그의 저서 『자본주의, 사회주의, 그리고 민주주의(le Capitalisme, le socialisme et la démocratie)』를 통해서 세간의 이목을 집중시켰던 한 관점에 대해 살펴보려 한다. 이 문제는 반드시 짚고 넘어갈 가치가 있다. 주요 혁신은 경쟁적인 맥락에서 탄생한다. 완전경쟁체제(le régime de concurrence parfaite) 만큼 혁신에 어려움을 초래하는 것도 없을 것이다. 혁신적인 기업은 제 1인자의 위치를 지키면서, 그의 경쟁상대에 대항하여 특허법이 보장하는 이점을 누리며, 가능한 장기간 독점적인 혜택을 받고자 한다. 마이크로소프트사의 경우에서 보여주듯이 실제로 특정 기업이 혁신으로 인해 시장에서 지배적인 위치를 구가하는 경우도 있다. 경쟁은 이렇게 그 자신을 파괴적 창조의 성향을 지니게 한다.

시장의 영향력이 특별히 이러한 현상에 주의를 기울이고, 이 모든 경우에 개입할 태세를 갖추고 있는 것이 바로 그 이유에서이다. 즉, 앞서 이야기한 대규모의 잦은 혁신의 시기에 경쟁관계를 유지하려는 여러 기업은 매우 분주하게 움직여야 했다. 그에 대해서는 다음 장에서 살펴볼 것이다.

신경제 아래에서 혁신적인 기업들은 분명히 그들의 라이벌에 대해 독점적인 우위를 얻으려고 노력했다는 점이 주목할 만하다. 그렇다고 해도 이들의 혁신이 이를 사용하는 기업 간의 경쟁을 방해할 수는 없었다. 그럼에도 불구하고 이러한 경쟁을 완전경쟁이라 할 수는 없다. 집중현상으로 인해 현실적으로는 독점적인 경쟁이나 과점적 경쟁이 이루어진다고 할 수 있을 뿐이다.

방금 간추려서 설명한 과정은 자본주의의 특징을 말하는 것이며, 이 과정이 자본주의 이외에 다른 경제제도에서 생성되고 전개된다는 것은 상상할 수 없다. 사실 이 과정은 슈페터(1942)가 명명하였던 소위 '창조적인 파괴(la destruction créatrice)'를 동반하는데, 이는 몇 십 만개의 직업이 급작스럽게 소멸되고, 이와 더불어 같은 혹은 더 많은 수의 신종직업의 창출을 초래하는 일종의 경제적인 폭풍인 것이다. 이러한 현상은 높은 단계의 유연성, 신속한 적응력, 그리고 경쟁조건이 경제에서 존중될 때만 나타난다. 반면 소련식 경제체제 내에서 기업은 불멸의 존재였다고 할 수 있겠다. 여기서 이미 자본주의의 기원에서부터 확실히 밝혔던 특성을 다시 발견할 수 있다. 즉, 기업의 자율성, 경쟁시장, 유연성, 외부에의 개방이다. 국제경쟁에서 우위를 차지하고 있는 나라들은 구체적으로 이 특성을 가장 분명하게 보여주는 나라라는 점을 알 수 있다. 대외개방은 국경을 통과하는 유통을 의미하며, 이 흐름은 상품과 서비스의 흐름을 의미한다. 실질적으로, 그 이후로 세계무역기구(WTO)로 대체된 관세 및 무역에 관한 일반 협정(GATT)의 협약은 선진산업국가의 보호무역 장벽을 철폐하도록 규정하고 있다. 자본의 이동과 그 밖의 금융거래는 상당히 증가하여 일상적인 금융거래(그 중에는 파생상품(les produits dérivés)에 대한 거래도 있다)는 오늘날 엄밀하게 말해서 대외무역 거래금액, 즉 서비스와 상품거래 총액의 약 50배에 이르고 있다. 독특한 성격을 지닌 사람의 이동은 여기서는 다루지 않는다. 이제 남은 것은 정보유통이다. 정보에 있어서 시간과 공간은 더 이상 존재하지 않는다. 왜냐하면 정보유통은 빛의 속도만큼 빠르기 때문이다.

오늘날 대외개방은 중국과 인도라는 두 경제대국의 출현으로 점철된다. 이들은 이제 더 이상 저개발국가가 아니라 한창 도약하고 있는 국가들이다. 이들은 지식기반 경제를 이룩하는 데 온 힘을 쏟고 있다. 그 예로 인재교육 혹은 미래혁신계획 등을 들 수 있다. 비로소 창조적 파괴라는 괄목할 만한 현상이 일어나고 있는 것이다. 따라서 기존 산업국가들 특히 유럽은 이러한 상황에 대처하기 위해 해야 할 일이 많을 것이다.

금융시장의 역할

국가 간 상호 경제적 개방에 따라, 금융시장 즉 증권거래소의 역할이 증대하였다. 이제 사실상 대기업은 그들의 투자 자금을 조달받기 위해 필요한 자금을 더욱더 시장의 도움 속에서 찾으려 할 것이다. 이는 자본의 증가 혹은 채무의 발급에 의해서 이루어졌다. 그런데 금융시장은 서로 연결되어 있고, 그들은 재화와 용역의 시장보다 훨씬 더 불안정하다는 특성을 가지고 있다. 실질적으로 금융시장은 여론이 작용하는 시장이다. 이는 매매가격의 변화에 대한 중개인의 예측에 의존하는데, 이는 내재하는 취약성 때문이다. 특정 가치에 대한 중개인의 투입과 반환은 즉각적으로 이루어진다. 이는 기업운영과는 전혀 다르다. 기업운영은 시간을 요하지만, 한번 이루어지면 돌이킬 수 없고, 여기에는 무기력한 관성이 뒤따르게 된다. 반면 금융시장의 상거래는 중개인의 맹목적인 변동에 의하여 영향을 받는다. 이러한 태도가 어떻게 금융거품이 형성되고 빠지는지에 대해 설명해 준다. 시장경제 또한 이러한 이유로 심각한 불안정성을 경험했고, 이들 국가는 경제의 국제적인 상호의존성이 증대함에 따라 신속한 파동을 이해하였다. 이 현상은 1929년, 1987년 그리고 2001년의 위기를 통해 분명히 나타났다. 경제주기는 이전에 비해 '경제의 자본화(la financiarisation)'의 영향을 더 많이 받게 되었고, 이 주기는 세계적인 규모로 나타나게 되었다. 또한 경제의 세계화는 현대 자본주의의 지배적인 특성으로 자리 잡게 되었다.

제 3 장

자본주의와 권력

제 3 장

자본주의와 권력

역사적 배경을 살펴보면 자본주의는 사회의 특정 권력구조와 밀접하게 관련이 있다는 것을 확인할 수 있다. 즉, 이 제도의 탄생과 발전은 실제로 정치권력 특성 자체의 결정적인 변화와 연관되어 있었다. 먼저 다음과 같은 접근방식을 취함으로써 이 권력구조를 특징지을 수 있다. 첫 번째 집단은 경제적 권력자, 즉 생산수단을 손에 쥐고 있는 자본가와 기업가이다. 두 번째 집단은 봉급과 연결된 범위에서 그들의 고용주에게 종속되어 있는 노동자이다. 본질적으로 마르크스의 견해에 부합하는 이와 같은 도식은 진정한 권력 앞에서는 정치권력 자체도 무색해질 수 있다는 점을 암시한다. 이런 진정한 권력은 부와 자본을 소유함으로써 얻어진다.

어떤 면에서 보면 실제로 봉건사회의 질서에서 자본주의로, 즉 영주에서 상인으로 권력이 이동되어 왔음을 알 수 있다. 그러나 이런 자유에도 중산층이 때로는 중앙 권력에 의존해왔다는 것을 관찰하게 된다. 예컨대 프랑스에서 왕권이 강화됨에 따라 주요 봉신에게 피해를 입히기도 했다. 왜냐하면 왕권 자체가 주제넘고 거친 봉신들을 공격하기 위해 중산계층의 지지를 종종 이용했기 때문이다. 상인들은 현물형태의 공물을 현금형태로 바꿈으로써 봉건제도의 속박에서 벗어나 힘을 되찾게 되었다. 결론적으로 어떤 면에서 볼 때 이들은 자유를 산 것이나 다름없었다. 달리 말하면 사회에서 통화의 제도화는 슘페터(Schumpeter, 1918)가 말하는 'Steuerstaat', 즉 '세제(稅制)국가'의 출현과 밀접하게 연관되어 있었음을 의미한다.

한편 군사 활동과 무기에 소요되는 비용은 증가하고 있었는데, 십자군의 경우에서 우리는 이미 이러한 현상을 본 적이 있다. 따라서 세제국가로의 전환이 필요하게 되었고, 이러한 전환과 동시에 정치권력의 근본적인 재분배가 이루어졌다. 실제로 새로운 정치주체가 성립되는 동시에, 기존의 영주권은 공국, 공작령, 왕국, 주-도시의 형태로 재분류되었다. 어떤 면에서는, 이러한 과정에서 통치권 영역확장의 초기단계에 내재한 경제규모의 영향을 보기도 한다. 이 정치주체는 그 이후 세(稅)수익으로 존속되었고, 그리하여 이 정치조직은 시장경제의 존재 자체에 필수불가결한, 왕권에 속하는 기능을 아주 자연스럽게 수행하기 시작하였다. 사실상 이 시장경제에서 합법성의 기반이 되었던 것은 왕권에 속하는 그러한 활동의 행사였다.

실제로 정치적인 권력은 초창기에 로마제국의 붕괴에 잇따른 전반적인 불안정성을 회복시키기 위해 자리 잡게 되었다는 점을 상기할 필요가 있다. 따라서 정치권력은 모든 것에 앞서 인간과 물질의 안정을 회복시키려는 과업, 달리 말하면 그들의 권한으로부터 나오는 토지에 대한 공적인 질서를 복원해야하는 사명을 띠고 있었다. 이러한 과정에서 동질적인 경제공간이 형성되었고, 따라서 다음 장에서 왕의 임무와 역할이 무엇으로 구성되어 있는지 더 자세히 살펴볼 것이다. 이는 정돈된 시장경제제도의 경제적·사회적 의미를 연구하기 위함이다.

왕의 임무

왕의 임무란 무엇보다 개인에게 가해질 수 있는 폭력으로부터 개인을 보호하여 그들의 삶과 재산의 안전을 보장하는데 있다. 이는 이미 봉건질서의 기반으로 자리 잡은 바 있으며 이후에도 모든 정치사회의 기반이 되었다. 폭력 자체는 내부 혹은 외부, 어디에서도 올 수 있다. 내부위험은 단독으로 혹은 무리로 행동하는 강도나 암살자의 통제되지 않은 행동으로부터 나온다. 또한 외적이나 외국군대의 침입 혹은 공격으로 인해 국민은 외부위험에 처하게 된다. 따라서 국민의 보호는 그들의 방위를 확고히 하기 위해 무장된 병력을 배치한다는 것을 의미한다. 또한 보호는 내부질서 특히 도로와 그 외의 다른 통신의 보호를 확실히 하기 위한 경찰력과 행정력이 존재한다는 것을 포함하기도 한다.

막스 베버는 정치세력의 특징이란 '합법적인 구속력이 있는 독점권(le monopole de la contrainte légitime)'을 보유하는 것이라고 했다. 또한 정치세력이 부과금, 목적세 등을 거둬들이는 것은 구체적으로 이 독점권을 이행하기 위한 자금을 조달하기 위함이다. 이 독점권에는 '화폐제 따라서 법적 규범은 두 가지 기본적인 특성을 가지고 있는데, 이는 투명성(법의 공적인 특성 때문에)과 보조성이다. 보조적인 관점에서 국가는 모든 인간생활의 영역을 지배해서는 안 된다. 국가는 단지 국가가 개입할 수 있는 영역에만, 즉 왕권의 수행을 통해서만 개입하여야 함을 의미한다. 그 밖에, 개인의 자유는 소비상품 뿐만 아니라 생산품(토지, 1차 산물, 장비, 모든 종류의 자본)에 대해서도 소유권 제도의 보장을 받는다.[20] 이 자유는 또한 계약의 자유에 의해 보장받는데, 계약의 자유의 본질과 적용은 법, 사법기능, 그리고 경찰에 의해 규정되고 보호된다. 게다가 법은 변천과정에서 확대 적용된다. 최고 권력층의 희생양이 될 소지가 있는 힘없는 사람들은 독재로부터 보호받아야 한다는 것이 이로부터 인정되고 있다. 이런 식으로 19세기와 20세기에 노동법이 제정되었고 발전하였다.

노동조합을 중심으로 이루어진 노동법 발전의 영향으로 노조의 입지는 확고해지게 되었다. 마찬가지로 우리는 시장의 범주 안에서도 공적권리와 사적권리의 법적윤곽의 필요성이 더욱 명확해져 왔음을 알 수 있다. 만약 이러한 기반이 존재하지 않는다면 불확실성은 매우 커서 의사결정권

---

[20] 인간과 시민의 권리를 서술하는 프랑스 헌법의 전문은, 소유권은 "침해할 수 없고, 신성한 권리"라고 선언한다.

자들은 이로 인해 혼란을 경험할 것이고, 또한 이들은 다른 사람과 관련되어 있거나 그 파급효과가 중·장기간 지속될 수 있는 결정이 내려진 경우 거래에 개입할 수 없게 될 것이다. 이러한 경우에 시장경제의 개념 자체는 더 이상 어떤 의미도 가질 수 없을 것이다.

그러나 이 문제에 대한 고찰은 여기서 끝낼 수는 없다. 왜냐하면 지금까지는 왕권이 지니는 기능의 필요성에 대해서만 설명했기 때문이다. 왕권이 사회에 독재 권력을 행사하는 것을 방지하기 위해 국가 자신이 법 전체에 종속되어 있다고 했다. 그러면 무엇으로 법 자체가 사회의 요구사항에 부합한다고 보장할 수 있을까? 달리 말해서, 어떻게 하면 법이 야만적이지도 않고 부조리하지도 않을 수 있을까? 바로 여기서부터 현대 사회를 특징짓는 민주주의의 개념이 출현하게 된다.

사회 내의 민주주의

민주주의를 그 어원대로 민중의 힘을 보장하는 정치체제라고 정의할 때, 이러한 힘의 본질도 구체화할 필요가 있다. 민중의 힘은 통치되는 민중이 정부의 규율에 대해 힘을 행사하기 위해 가져야 할 역량 내에서만 대개 존재할 수 있다. 정치학을 공부해 본 사람이라면 직접민주주의와 간접민주주의, 즉 대의정치를 구분하는데 익숙할 것이다. 직접민주주의는 이를 계획하는 국가 내에서 기본적으로 국민투표에 의해 실행되는 것을 말한다. 그러나 현대 국가는 대부분 '대의민주주의'를 채택한다. 시민은 그들의 의회대표를 선출하고, 시민을 대표하는 의회에 정부가 그 책임을 이행할 수 있는 기능을 말하는 것이다.[21] 그리고 이와 동시에 의원은 주기적으로 선거인의 투표대상이 된다. 의원은 법안을 상정할 권한을 행사하지만 또한 정부의 행동과 계획에 대해 통제할 권한도 가진다. 즉, 의원은 정부의 제안을 받아들이거나 거부할 수도 있고, 정부를 탄핵하도록 결정할 수도 있다. 애초에

---

[21] 공화국 체제에서는 세습적 입헌군주제와는 달리 국가원수 자신이 구성원 전체의 직접 혹은 간접투표를 통해 선출된다. 따라서 국가 원수는 때에 따라서 선거인단의 선택에 종속된다.

의회의 역할은 예산에 대한 투표를 하는 것이었다. 결국 의회가 정부에 행사하는 통제는 단지 정치적인 것만은 아니고, 재정적인 것일 수도 있다는 것이다.

따라서 민주주의가 두 가지를 요구하게 된다는 점을 확인할 수 있다. 그것은 바로 책임의 원칙과 투명성의 원칙이다. 정부는 자신의 행동에 대해 의회에 책임이 있고, 유권자들 앞에서도 그 책임이 있다. 또한 언제든지 그의 통치행위를 납득시킬 수 있는 설명을 요청 받을 수 있다.[22] 투명성의 원칙은 정부가 의회에게 통제의 실질적인 행사에 필요한 모든 정보를 제공하고, 의회의 표결은 공식적으로 발표되어야 하는 것이다. 따라서 이러한 원칙과 법 적용의 공정성 및 합헌성을 보장하는 기능을 수행하는 독립적인 기관으로 사법부가 존재하게 된다. 결국 민주주의는 견제와 균형(checks and balances)간의 줄다리기라는 점을 알 수 있는데, 이러한 줄다리기는 통제되지 않은 권력, 즉 독재적인 권력으로부터 시민을 보호하는데 그 취지가 있다. 이미 1690년에 존 로크(John Locke)가 이러한 민주주의의 논리를 분석한 바 있고, 그 이후에 몽테스큐(Montesquieu)가 1748년 '권력분리의 원

---

[22] accontability (자신의 행동에 대해 책임지고 설명하는 것을 의미)이라는 영어용어가 이 사상을 잘 설명한다.

칙(le principe de la séparation des pouvoirs)'을 통해 이러한 논리를 설명하였다.

자본주의와 민주주의

이 연구의 목표를 위해 이러한 고찰은 중요하다. 왜냐하면 방금 정의한 민주주의의 원칙은 모든 '경제주체(les économiques)'에게 적용되기 때문이다. 이러한 원칙이 적용되지 않으면, 어떤 시장경제도 제대로 돌아갈 수 없을 것이다. 사실상 시장에 대해 안정적이고, 공적인 게임의 법칙을 설정하는 것은 바로 민주주의이다. 이런 면에서 볼 때 경제주체가 개인이건 기업이건 간에 그들은 통과시킨 계약의 규칙과 그들이 예속된 예산의 의무를 준수할 책임이 있다. 이를 준수하지 않으면 그들은 법적인 처벌, 파산, 혹은 경제적 자립성 상실의 위험에 처하기 때문이다. 결국, 경쟁의 개념 자체에 투명성이 전제될 때 비로소 빠르고, 완성된 정보를 얻을 수 있음을 상기할 필요가 있다. 수요와 공급의 법칙이 자본주의와 공존한다는 점으로 미루어 볼 때, 자본주의가 구체적으로 권력과 견제의 조화로 이루어져 있다는 것을 재확인할 수 있다. 한마디로 시장경제는 정치적 민주주의의 원칙을 기반으로 작용하는데 그 취지가 있다. 민주주의와 자본주의의 연결 관계는 여기에 한정되지 않는다.

사실상 경제 질서 내에서 국민통치권의 개념과 소비자통

치권의 개념이 서로 부합한다는 것을 알 수 있다. 최종분석에 따르면, 재화와 용역은 그것이 소비자의 요구사항에 상응할 때만 시장에 유통될 수 있고, 지속적으로 생산될 수 있을 것이다. 이와 마찬가지로 정치적 민주주의 제도의 의무가 시민을 어떤 형태의 독재로부터 보호하는 것이라면, 동일한 논리로 시장경제가 소비자와 기업을 독점으로 인한 경제적 독재로부터 보호해 주어야 할 의무가 있다는 것을 알 수 있다. 국내외를 막론하고 경쟁법(le droit de la concurrence)은 구체적으로 이러한 보호를 보장하는 기능이다. 사실상, 미국의 연방무역위원회(Federal Trade Commission), 혹은 프랑스의 경쟁위원회(Conseil de la concurrence), EU집행위원회 산하의 경쟁정책총국(La Direction Générale de la Concurrence)은 지배적 위치의 남용(l'abus de position dominante)과 기업간 체결되는 협정, 혹은 정부개입의 남용(예를 들어, 정부보조금의 형태로) 등 경쟁의 게임(le jeu de la concurrence)을 변질시킬 수 있는 모든 행위를 방지하는 임무를 가지고 있다. 예를 들어, 세계무역기구(WTO)는 이러한 시장의 질서유지를 국제적인 단계로 확장시키는 것을 목표로 한다.

  민주주의 개념과 자본주의 제도 사이의 밀접한 관계를 보다 폭넓게 적용시켜 기업의 경영에까지 연장시킬 수 있다.

기업지배구조

영어의 'corporate governance'에서 유래한 '기업지배구조'란 표현은 현대 기업의 행태와 구조 연구에서 종종 그 논의의 주제가 되어 왔다. 이 표현은 상장기업과 그들의 주주(게다가 또 금융시장과 함께)23) 간에 전반적으로 형성되는 관계를 지칭한다. '기업지배구조'라는 용어의 사용은 임의적인 것이 아니다. 왜냐하면 이 용어는 상장된 기업에서 사용되는 관례와 의회민주주의에서 중시되는 정치적인 경험 사이에 명백하게 기대되는 관계를 암시하기 때문이다.24) 실질적으로 좋은 기업의 경영 원칙을 표현할 때 아주 빈번히 떠오르는 특성은 무엇일까? 그것은 투명성, 책임, 그리고 정책 결정 과정의 명확성이다. '결정 과정의 명확성'의 이상적인 모델은 '한 명의 주주 - 하나의 배당금 - 하나의 목소리'이다

이 원칙은 외부에 기업을 개방하고 주요 금융시장의 통

---

23) 이 책에서는 이 '지배구조(la gouvernance)'라는 신어를 계속 사용할 것이고, '정부(le gouvernement)'라는 용어는 정치 및 헌법에 관련된 맥락에서만 사용할 것이다. 또한 많은 국가들에서, 좋은 기업지배구조의 개념은 그것의 영역을 봉급자, 특히 간부들과 경영진 간의 관계로 확장된다.

24) 비교: P. 노톰(P. Nothomb)과 J.-N. 카프라스(J.-N. Caprasse) (1998).

제를 받게 하는 실제적 규범지향 방향으로 나아간다. 뉴욕 주식시장(New York Stock Exchange)은 이 방면에 특히 중요한 역할을 하여 그것이 외국기업이라 하더라도 미국의 경영과 재정정보에 관한 규범을 실제로 그 기업에 적용시킨다. 여기서 쟁점이 되는 것은 경영인의 책임이고, 주주에게 발송된 정보는 주의 깊게 감시되며, 금융 분석가는 정보의 질에 주목한다. 결국 주식의 공개매입(OPA)과 교환입찰(OPE)과 같은 모든 종류의 절차를 통해 소수 주주에게도 공평한 처리를 보장하려 노력한다.

이런 현상은 일반적인 추세로 거의 모든 유럽 상장기업에 영향을 미치고 있다.[25] 이는 사실상 기업의 자금조달 방식의 근본적인 변화와 관련되어 있다. 기업은 은행을 통한 자금조달에서 증권거래를 통한 자금조달로, 조달방식을 전환하게 되어 대기업의 채권예탁이 은행대출을 대체하기도 한다. 일반 기업이 고유자금을 증대시킬 수 있는 방법은 기업의 주식발행 수단에 의한 자본의 증자이다. 이는 기업이 주요 금융기관(은행, 보험회사, 금융 분석가)의 지속적인 평가대상이 된다는 것을 의미한다. 따라서 기업은

---

[25] 프랑스 기업들은 미국과 영국의 기업들에 비해서 아직 이러한 경영방식에서 뒤쳐져있다. 그러나 프랑스 기업들 또한 국제적 경쟁에 돌입한 상태이므로 당연히 이러한 규범을 따라야 할 것이다.

성장의 단계마다 금융시장의 실제적 평가대상이 되고, 나아가 금융시장은 세계적 규모를 갖추게 된다.26)

첫째로 이런 구조가 성립되기 시작하면, 금융주주그룹대표가 집행위원회 의석의 일부를 차지하는 기업에서는 금융시장의 승인이 매우 중요한 역할을 하게 된다. 세계화의 흐름 속에서, 외국계 기업은 때때로 지금까지 지속되어 온 정책결과가 만족스럽게 나타나지 못할 때 현재 경영진의 해임 또는 대체를 감수해야 한다. 둘째로, 시장의 불만은 주식시장에서 주가의 매우 급작스런 폭락의 요인이 되기도 한다. 대기업은 주식의 공급과 교환을 통해 세계시장을 특징짓는 거래를 담당하고 있기 때문에 이는 매우 중요한 문제이다. 따라서 기업의 브랜드 가치가 하락하는 현상은 그들의 조정능력의 심각한 위축과 직결되는 것이다.

이러한 변화가 유럽에서는 상대적으로 새로운 현상임을 주목할 필요가 있다. 경제단체(Les entreprises sociétaires)는 실질적으로 여러 수단을 동원하여 소액 주주들의 통제에서 벗어나곤 한다. 주주총회에 혼란을 야기하는 일이 그 수단 중 하나로, 주주총회 출석에만 만족하는 사람들을 종종 찾아볼 수 있다. 통제에서 벗어나는 또

---

26) CAC 40(파리증권거래협회)에 상장된 거래의 43%는 외국투자가들이 보유하고 있다.

다른 수단은 선택적인 투표로 주권행사를 하는 것인데, 이러한 투표는 대중에게 알려지지 않는 애매한 규칙에 따르게 된다. J. K. 갈브레이스(J. K. Galbraith)가 1967년에 전문경영인들이 거대금융 및 산업그룹의 경영진에서 행사하는 역할을 강조한 것은 간과할 수 없는 것이다. 금융시장의 우위, 특히 주주의 절대권한이 전문경영인집단의 우위를 대체하는 경향을 나타낸다.

하지만 넘겨짚는 것은 금물이다. 방금 살펴본 내용은 경제논쟁의 무대가 민주주의의 표본이고, 경제인과 금융인이 위력을 나타내는 전형임을 의미하는 것은 아니다. 뉴욕이나 파리처럼 중요한 금융 중심지의 금융사고 기사를 제공했던 최근의 스캔들 - 엔론(Enron), 안데르센(Andersen), 크레디 리오네(Crédit lyonnais), 비방디(Vivendi), 엘프(Elf) 등 - 이 시사하는 바와 같이, 금융시장이라고 해서 정계보다 더 도덕주의자가 많은 것은 아니다. 기업과 다른 위치에 있는 금융기관 경영진의 처신에 대한 윤리적 관심이 대체로 자주 언급되는 것은 우연한 일이 아니다. 이러한 분석은 단순히 시장경제의 원칙과 민주주의의 정치적인 원칙 사이에서 시사하는 본질적인 유사점이 있다는 것을 의미한다. 이 유사점은 장기간 특히 하이예크(Hayek,

1944)에 의해 강조되었고, 이는 두 가지의 방향으로 작용하였다. 시장경제가 결국엔 전체주의 정치제도와 양립할 수 없는 것과 같이, 중앙집권 경제는 정치적 민주주의의 실종을 가져오게 되었다.[27] 사실 이러한 관련은 아주 긴밀하여, 체결된 계약을 존중하여 얻은 신뢰를 기반으로 하므로 경제윤리적인 사항은 여러 기관들의 감독을 받아야 한다. 그렇지 않으면 전통적인 민주국가도 일탈과 부패와 같은 비열한 행위로부터 예외가 되지 않을 것이다. 중요한 것은 이러한 폐습이 예외적인 성향을 지니므로, 이것을 범죄행위로 평가하여 효율적인 통제와 처벌 제도를 마련해야 한다는 것이다. 그러나 이를 실현하기란 상당히 어렵다.

예상했던 것보다 훨씬 어려운 문제가 있었고, 이 문제는 2001년까지 생겨났던 금융거품이 터질 때 비로소 그 모습이 대거 드러났다. 사실 서구 몇몇 대기업의 회계운영과 금융통신 방법이 대단히 불규칙적이었다는 점을 알 수 있었다. 이사회는 그들의 역할이라고 여겼던 것을 행사하지 못했고, 그 구성원들이 직무 수행에 필요한 열의와 경계심

---

[27] 자본주의 국가들 내에서 독재가 이루어지는 경우가 분명히 있었다. 그렇다고 해서 이들 국가는 시장경제를 폐지한 것은 아니었다. 그 중 가장 인상적인 경우가 국가사회주의를 채택했던 독일의 경우이다. 그러나 주목할 점은 이 체제가 12년 밖에 지속되지 않았다는 점이다. 이는 이 체제가 예외적이라는 것을 방증 한다.

을 보이지 못했다는 증거가 나타났다. 감사역과 회계법인, 게다가 신용등급 평가기관까지 독립적인 업무를 하지 못하는 경우가 많았다. 이해관계에 따른 분쟁이 제기되기도 했고, 이는 연루된 경영인에 대한 공모의혹을 가중시켰다. 기업경영성과에 역행하는, 때론 과도하게(상승하는 쪽으로) 변화하는 경영인의 급여방식이나 급여액수도 신랄한 비판의 대상이 되었다. 그런 이유로 프랑스 뿐 아니라 미국에서도 금융시장의 운영을 쇄신하고, 제도운영에 필수적인 신뢰의 분위기를 조성하기 위해 대폭적인 개혁을 추진하였다. 이러한 정상화를 이룩하는 것은 기업과 시장내부의 통제제도 전체의 몫이며, 거래윤리는 전적으로 존중되어야 마땅하다. 그러나 우리는 너무 오랫동안 윤리는 단순히 윤리일 뿐이라고 믿어 왔다.

따라서 투명성, 권력의 균형과 법의 준수는 정계와 마찬가지로 제계에도 적용된다. 때문에 민주주의와 자본주의 간의 밀접한 관계가 강조되는 것이다. 이러한 관계는 기계적인 것이 아니다. 지난 몇 십 년간 인도와 중국은 세계무대에 모습을 드러내며 주저 없이 시장경제의 주요원칙을 도입하였다. 인도는 반박할 수 없는 민주국가인 반면에 중국은 특유의 권위주의 체제를 유지하고 있다. 따라서 조만

간 상당한 정치적인 변화가 발생할 것이라는 개연성이 내포되어 있으며, 이로 인하여 중국이 지닌 예외적인 상황은 크게 변화할 것이고, 중국의 정치제도는 점차 대부분 시장경제 국가체제에 가까워 질 것이다.

제 4 장

국가와 시장경제

제 4 장

국가와 시장경제

우리는 지금까지 업무를 체계화하고 사람과 사람 사이의 세련된 관계를 정립하는데 국가의 영구적 개입 없이는 어떠한 시장경제도 통용될 수 없음을 살펴보았다. 법적 규범의 우월성이 여기에 적용되기 때문에 이것은 절대적인 경제적 필요성 이상으로 정치사회 기반의 근거를 이룬다. 그러나 이데올로기적 해석을 규정하기 위해서는 국가가 어떤 식으로 영향력을 행사하던 간에, 경제계에서 행해지는 국가의 여러 가지 활동을 식별하고 분류하는 것은 유용해 보인다. 하지만 사실상 국가의 이와 같은 방식의 개입은 자본주의의 특성과는 거리가 멀다 할 수 있다. 국가의 개입에 있어서 개입의 본질과 힘이 각국의 고유한 역사적 특성에 따라 달라지기 때문에, 우리는 결코 완전한 사회주의나 자본주의의 제도 앞에 직면한 적이 없었다. 사회주의와 자본주의라는 용어는 마치 스펙트럼의 양 끝에 놓여있는 것과 같다고 할 수 있기 때문이다. 따라서 여러 국가가 사용하는 개입방식을 분류하는 작업은 필수적이라 할 수 있겠다.

국가의 경제적인 기능

미국의 경제학자 리차드 머스그레이브(Richard Musgrave, 1979)는 자본주의 제도에서 국가의 세 가지 본질적인 경제적 기능을 밝혔는데, 그것은 자원의 배분, 재분배, 그리고 안정화이다. 이러한 기능에 대한 간략한 검토를 하고, 동시에 국가의 활동에 의해 야기되는 난관, 즉 일반적인 업무와 같이 국가의 활동에도 비용이 들어간다는 것을 점검해 보고자 한다. 이들은 주로 비상업 분야에서 이루어지는데, 사실 경제의 여타 부분을 활성화하는 것은 기업이다. 다시 말하면 상업분야라는 것을 결코 잊어서는 안 된다. 결국 인간의 소비의 실체를 구성하는 것은 기업이 생산하는 상품과 서비스이기 때문이다. 사회적인 재분배조차도 결국 기업의 생산으로부터 발생된다. 따라서 국가는 모든 부를 창출하는 영역에 과도한 비용이 부과되지 않도록 분별 있게 지출하여야 한다.

(자원)배분의 기능

국가가 자원을 할당할 때, 즉 생산의 역할에 해당하는 임무를 수행할 때 우리는 '배분'이란 표현으로 국가의 활동을 이해할 수 있다. 국가는 어떠한 것을 생산할까? 경제이론에 따르면 국가가 직접 생산하는 것은 공공재(公共財) 상품이다. 이 상품은 그 성격상 분할될 수 없는, 개인에 의해 권한이 주어질 수 없는 상품을 말한다. 이 상품은 전 세계 혹은 각 개인에게 제공되므로 소비자(혹은 사용자)는 경쟁관계에 있지 않게 되며, 그 누구에게도 상품접근이 금지되지 않는다(제외 불가의 원칙, le principe de non-exclusion). 고전적인 예를 들면 국가의 방위, 해양의 등대, 혹은 공공의 안정을 들 수 있다. 여기에 교육 혹은 보건의 활동이 추가되고, 동시에 국가의 역할은 전체 혹은 부분적으로 자금조달의 보장측면에서 제한받을 수 있다.

반면 어떤 공공재가 과잉 공급되는 현상이 생기면, 국민은 어려움에 직면하게 되는데, 몇몇 교통로 혹은 미술관의 사용을 그 예로 들 수 있다. 즉 국가는 때때로 통행료, 좀 더 일반적으로 이용료를 미리 징수하기 때문이다. 이러한 공공재는 사적인 개인에 의해서는 만들어질 수 없다. 누구도 그 엄청난 자금을 조달하기 위해 필요한 수단을 가지고 있지 않기 때문이다. 실제로 민간부문 생산자는 사용자에게 서비스를 판매하는데, 그 서비스의 가격은 공급과 수요의 법칙에 따라 결정되므로 출자금을 충당하는 것이 쉽지 않다.28) 하지만 공공서비스는 비상업적인 서비스에 해당된다. 그러므로 공공서비스의 자금조달은 공동으로 맡게 되고, 오직 개개인의 할당에 의존할 수밖에 없다. 이와 같이 자금조달이 강제성을 띠는 것은 매우 불가피하다. 그렇지 않으면 '차표 없는 여객(voyageur sans billet)'29) 현상 즉, 조세의무를 다 하지 않고 공공서비스의 혜택을 받는 경우(무임승차 혹은 사기행위)를 초래하기 때문이다.

좀 더 일반적으로, 국가의 자원배분 과제는 '시장의 실패(les défaillances du marché)'를 고려하여 통상적으로 정당화된다. 이를 통해 시장이 순수·완전한 경쟁의 조건을 충족시키기 위해 개입하는 모든 현상을 이해할 수 있게 한다. 빈번하게 받아들여지는 정책은 분할 불가능성(정당

---

28) 그러나 이 관행은 이 관점에서 많이 변화했고 많은 "공공재"의 생산 활동들이 성공적으로 민영화되었다는 점에 주목하자.

29) 이것은 "무임승차 (free rider)" 혹은 "비밀탑승자(passager clandestin)"로 불리는 경우이다.

한 공공재 포함), 성장단계의 생산성, 그리고 외부효과 등이다. 생산성 증대로 인한 체증적 수익은 사실상 특별한 문제를 제기한다. 이렇게 혜택을 받는 기업은 그들의 규모를 구체적인 계획 없이 확장시키려는 충동을 받는다. 어느 주어진 시점에서 최적의 규모라는 것이 항상 비교적 외소하게 여겨지기 때문이다. 이런 기업은 시장이 더 이상 경쟁적이지 않을 때까지 그들의 규모와 시장점유를 확장토록 추진한다. 극단적인 경우에 '자연독점(le monopole naturel)'이라는 상황까지 도달할 수도 있다.

다른 면에서 이른바 '외부효과(les effets externes)'의 존재 또한 시장이 통제하기 벅찬 난관을 제기한다. 이러한 명칭[30]은 시장을 통하지 않고 발생하는 직접적인 교류를 의미한다. 한 예로 생산이나 소비활동에 책임을 전가할 수 있는 오염물질의 방출(대기, 수질오염 혹은 소음 공해)과 같은 경우가 여기 해당한다. 이 경우 부정적인 외부효과로써 논의되고, 그 원인이 되는 사람을 견제하기 위해서 공적인 개입(세금 혹은 벌금)을 행사하게 된다. 만약 이와 반대로 교육이나 연구 활동과 같이 긍정적인(주위사람에게 이로운) 외부효과가 있다면 보조금이나 다양한 격

---

30) "외부효과들"을 'externalités'라고 지칭하기도 한다.

려의 방법으로 이 효과를 장려하게 된다. 우리는 이러한 문제에 대해 신중한 견해를 가질 필요가 있다. 사실상 외부효과의 상당수는 이해당사자(예컨대 환경오염 가해자와 피해자)가 의논하고 합의점에 도달하도록 두는 것이 타당하고, 이는 마침내 그들 상호간의 이득이 될 것이다. 왜냐하면 이것은 자유롭게 교섭되었기 때문이다.31)

또한 경쟁적인 분야의 생산 활동은 분명히 국가의 권한에 포함되지 않는다. 하지만 특정 개인이나 기업을 위한 상품과 서비스의 생산을 목표로 할 때는 예외적이다. 일부 공기업은 관념적인, 혹은 정치적 타협의 원인에 의해서만 이 활동에 몰입하는데, 그 예로 프랑스의 1945년과 1982년의 국영화 물결이 이 경우에 해당한다. 게다가 프랑스와 여타 유럽 국가(영국, 독일, 스페인, 이태리, 포르투갈)에서 기업의 민영화 추세는 1980년대 이래로 매우 분명하게 확고해졌다는 점에 주목할 필요가 있다. 동유럽권의 '현실적 사회주의(la socialisme réel)'의 지불불능은 비록 과도기(en transition) 국가가 구체적으로 어려움에 직면해 있었다 할지라도, 공기업이 민영화로 급변하는 운동을 강하게 예시하고 있었다.

---

31) 코아스(Coase)(1960)의 정리에 의해 예측된 경우가 여기 해당한다. 코아스(Coase)는 1991년에 노벨상을 수상했다.

여기서는, 독점을 행사하는 우체국, 원거리통신, 대중교통 혹은 에너지 생산기업과 같은 '공공서비스(services publics)'의 경우는 별도로 분류된다. 프랑스와 같은 몇몇 나라에 깊이 뿌리박힌 역사적인 전통이 이것에 해당한다. 이는 국가의 산업화와 1945년과 1973년 이후 산업정책을 수행하면서 직면했던 경제재건과 활성화 과정에서 중대한 역할을 담당했다. 민영화 혹은 시장경제로 최소한의 개방이 주된 경향을 이루었지만, 기업이 받는 독점혜택에서 오는 공적 특성으로 인해 이러한 움직임은 덜 활발해졌다. 국가의 관련기관은 이 과정에서 다소의 결단을 가지고 참여했지만, 이 개발의 움직임은 여러 이유로 불가피했다. 첫째, 유럽을 예로 들면, EU 회원국들은 유럽연합의 규칙에 따라 그들의 시장을 경쟁체제로 개방할 의무가 있다. 둘째, 기업은 개방 경제하에서 생산 활동을 하게 되므로, 중대한 교섭이나 이들이 참여할 기회가 있는 협력관계에서 완전한 행동의 자유를 누릴 수 있어야 한다. 기업이 그들 고유의 활동을 양보하면서, 처리시기가 적절하다고 판단되는 구입자금을 조달하기위해서 운영의 자유는 자본시장의 개방에 필수적인 것이다.

시장경제로 환원하는 중대한 움직임 속에도 정부는 분명

공기업에 대한 기존의 감시를 늦추지는 않을 것이다. 또한 경쟁부문에서 공기업의 통합에도 불구하고, 지속성과 보편성 때문에 공공서비스의 전통이 일반적인 이익으로 간주되어 그저 소홀하게 취급되지 않도록 주의해야 할 것이다. 그러한 목적으로 공공서비스의 의무를 그들의 새로운 정관에 계약 조건을 규정하여 매우 세심하게 작성하는 것이 필요하다. 또 다른 방법으로, 공적인 관리기구가 다양한 형태와 명칭 하에서 사용자가 안전과 직접적인 수익에 대해 우려하지 않도록 보장하는 직무를 담당 하는 것이다. 자유기업의 전통이 가장 확실한 미국과 같은 국가에도 이러한 기관이 존재한다는 점에 주목하자.

재분배의 기능

본질적으로 자본주의가 시장경제의 원칙에 따라 작용한다는 것을 전제로 한다면, 노동, 장비, 원료 혹은 에너지원 등 생산요소에 대한 가격은 시장에 기반을 두고 결정지어진다는 결과가 도출된다. 튀르고(Turgot, 1766)와 아담 스미스(Adam Smith, 1776)는 이미 이 원칙을 인지하였고, 이것을 그들의 분석에 통합시켰다. 19세기말 이후, 미시경제학적 분석의 발전이 생산서비스 수요의 기능에 대한 기초를 형성한 것과 같이 한계생산성을 확고히 성립시켰다. 공급기능의 경우, 그것의 설명적인 주요 변수는 인구학적인 요인과 교육적인 투자이다. 따라서 소득의 구조가 시장의 메커니즘에 종속된다 해도 과언이 아니다. 이렇게 최초의 소득분배(la répartition primaire)[32]를 결정짓는 것은 바로 시장이다.

원칙은 위와 같다. 그러나 정확하게 부합되는 현실을 찾아볼 수는 없다. 소득을 형성하는 데는 사실상 공급과 수요의 원칙이라는 순수한 게임 안에 두 가지의 요인이 존재하기 때문이다. 그 첫째 요인은 세법(稅法)이고, 둘째는

---

[32] 즉, 유일한 생산 활동에서 생기는 분배(이동은 제외)

선진국에서 실행하는 사회보장제도와 같은 것이다. 상기 두 제도에 정부가 개입할 때, 그 개입이 서로 다른 방법으로 진행될지라도 사회정의의 실현이라는 공통된 관심사를 지니고 있음에는 틀림이 없다. 실제로 세금징수의 목적이 원칙적으로는 공적인 지출, 특히 사회보장제도의 재정을 보장하려는 것이라 할지라도, 소위 수직적인 재분배의 과업을 위한 것으로 간주되곤 한다. 이 수직적인 재분배의 목적은 최고 소득과 최하 소득간의 불균형을 감소시키고자 함이다. 따라서 자산에 부여되는 세금(재산세, 상속세, 토지세, 양도세, 부가세)이나 비율에 따라 더해지는 누진세와 같은 제도로 소득에 세금을 부과하게 된다.

반면 수평적인 재분배는 소득과 다른 요인에서 발생하는 여러 불균형 상황을 감소시키고자 모색된 방안이다. 환자와 건강한 사람 사이의 불균형(의료보험), 자녀가 없는 가정과 부양할 자녀가 있는 가정간의 불균형(가족수당), 활동인구와 고령자간의 불균형(노령보험, 퇴직제도)이 이것에 해당한다. '사회보장(Sécurité sociale)'이라는 표현 자체가 그 연관관계를 환기시키듯이, 이러한 역할은 때로 일종의 보험과 같이 위험에 대한 보호도구로써 제시된다. 더구나 제 2차 세계대전 직후 프랑스의 사회보장제도가 있기 이전에, 임금노동자가 자신을 보호하기 위해 힘을 빌렸던 곳은 바로 사회보험 이었다. 그러나 인생의 불확실한 위험을 대비하는 보험에 가입한 사람을 보호하기 위해 효과적인 의료보험을 제외하면, 오늘날 우선시되는 것은 위험에 대한 관념보다 보험의 본원적 개념에서 벗어난 조합과 사회정의의 개념이라는 것을 알 수 있다. 그렇다고 보험과 조합의 구분을 좁힐 수 없는 것은 아니다. 사실상 많은 보험회사들이 공제조합과 관련된 형태로 형성되어, 이 두 관심사의 영역 사이에서 실제적인 유사점이 존재하는 것을 알게 된다.

위와는 다른 유형에 해당하는 수당은 은퇴, 건강, 가족, 실직, 그리고 가난(혹은 소외)에 관련된 것이다. 고용주와 고용인 동수(同數)의 대표로 구성된 경영에 의존하는 실업수당은 제쳐놓는다면, 국민이 받게 되는 수당은 의료보험, 가족수당, 퇴직연금이고, 마지막으로 '최저사회보장(Minima sociaux : 프랑스에서의 최저생계수당(RMI)[33], 주거수당 등 총 8가지의 최저사회보장제도가 있다)'과 같은 것이 있다. 그러나 여기서 매우 심각한 문제를 일으키는 것은 바로 '실업함정(trappe à chômage)'이다.

---

33) Revenu Minimum d'Insertion. (역자 주)

사실 최저임금보장제도(SMIC)[34]에 대한 법제가 이루어진 프랑스 같은 나라에서[35] 최저임금에 가까운 정도의 유급(有給)직장을 제안 받는다면, 최저생계수당(RMI)의 수혜자는 거의 모두 그 직장을 받아들이려고 하지 않을 것이다. 유급직장에 들어가는 순간, 실업상태일 때 받던 모든 사회적인 최저형(주거수당, 보호자녀를 위한 가산금)수당을 즉시 잃게 되기 때문이다. 따라서 이는 노동시장이 경직되게 만드는 하나의 요인으로 작용하며, 프랑스 실업구조의 중요한 한 부분을 차지하고 있다.

정책수행의 총재정은 매우 중요하다. 2001년에 프랑스에서 공공지출은 국민총생산의 대략 53.7%를 나타냈다. 제2차 세계대전 이후 수년간 서구의 모든 국가 중에서 사회보장비 지출의 가장 높은 증가세를 나타내었다. 공공지출에 많은 비용이 들수록 더 많은 과세의무가 생기는 것이 사실이다. 프랑스의 경우, 이러한 징수는 다양한 형태(조세, CSG[36], 보장분담금)로 1999년 GDP 대비 45.4%에 달했다.

---

[34] Salaire Minimum Interprofessional de Croissance의 약어. 경제발전 정도에 따라 최저임금을 보장받는 제도. 경제발전을 고려하지 않은 고정된 최저임금제도인 SMIG(Salaire Minimum Professional Garanti)를 대체하기 위해 1970년 도입. (역자 주)

[35] 호주 같은 나라는 정확히 같은 문제에 직면한다. 프랑스에서, '구조적인'실업률은 일반적으로 8%로 집계된다.

이러한 사례가 프랑스에만 있는 것은 아니다.

이와 비슷한 변화는 대부분의 서구 여러 나라에서 볼 수 있다. 아래 [표 1]은 OECD 주요국들의 2001년 GDP 대비 의무적 징세율을 보여주고 있다. 여기서 징세율은 조세와 사회보장분담금으로 구성되어 있다.

[표 1] GDP에 대한 의무적인 징수율 (단위 %)

	징세율 ⓐ+ⓑ	조세 ⓐ	사회보장분담금 ⓑ
프랑스	45.4	28.9	16.5
영 국	37.4	31.0	6.4
독 일	36.4	21.7	14.7
미 국	29.6	22.7	6.9
일 본	27.1	17.2	9.9

출처 : OECD

위 [표 1]에서 보듯이, 2001년 프랑스의 징세부담률이 다른 나라들보다 훨씬 더 현저하게 높다는 것을 알 수 있

---

36) Contribution Sociale Généralisée 의 약어. 사회보장제도(Sécurité Sociale)의 자금조달 목적으로 1991년 만들어진 프랑스의 직접세금제도. (역자 주)

다. 그러나 징세율 자체의 비교만으로는 충분치 못하다. 미국에서는 프랑스에서와는 달리 사회보장이 의무 과세에 속하지 않기 때문이다. 좀 더 일반적으로, 영미국가들은 의료보험 영역에 있어 보완적인 보험제도에 아주 큰 비중을 두고 있는 반면, 프랑스의 제도는 전혀 다른 개념에서 이해된다. 프랑스는 의료보험과 사회보장제도로 가족수당과 노후보험을 담당한다는 것을 환기하자. 사회보장 명목으로 각 세대에 부과된 세금의 액수는 매우 중요하다. 왜냐하면 이 액수는 프랑스에서 (1999년) 세금 이전의 순수한 가처분소득에서 27.8%를 차지하기 때문이다. 이와 같이 재분배에 대한 더 분명한 시각을 가지기 위해서 세무제도의 형태를 염두에 두어야 한다. 또한 프랑스에서는 세대의 과반수가 납세의무자가 아니라는 것을 기억해야 한다. 이 세금은 납세자의 20%가 수입에 대한 세수의 80%를 채울 정도로 크게 누진되는 특징을 지니고 있다.[37] 결과적으로 재분배정책은 사회질서에 매우 중대한 영향을 미치게 된다.

  모든 서구 국가들이 다양한 단계에서 사회보장비의 재정에 대한 심각한 문제를 안고 있는데, 이는 첫째로 평균수명의 연장과 특히 고비용의 투자를 요하는 단층촬영기와

---

[37] 우리는 결국 면세된 세대들은, 합법적으로 '차표 없는 여행자들(free rider)'이 되었다고 여길 수 있다.

같은 의료기의 기술적인 진보가 초래하는 비용 상승 때문이라고 볼 수 있다.[38] 선진국이 당면한 이 문제가 심각한 것으로 여겨진다면, 그 이유는 우선 해마다 사회보장비의 지출이 GDP 대비 증가하고 있기 때문일 것이다. 두 번째 이유는 가장 일반적인 것으로, 실제 증대하고 있는 이 어려움에 대해 공적인 비용의 사용을 추적하고 제어하는 어떠한 노력도 하지 않은 채 방관하기 때문이다. 재분배의 문제를 넘어서는 일반적인 문제점이 바로 여기에 있는 것이다.

---

[38] 이 문제는, 이기구들에서 상당한 뒤처짐이 축적된 프랑스에서 특히 심각하다. 비교 : D. 로랑(D. Laurent, 2000).

공공지출 발전

장기간에 걸친 공공지출의 증가는 우리가 오랫동안 관찰해 온 현상이다. 1875년 독일의 경제학자인 아돌프 바그너(Adolf Wagner)는 공공지출이 국가생산보다 더 빠르게 성장하는 경향이 있다는 '바그너(Wagner)의 법칙'을 주장하였다. 바그너는 주로 농경사회에서 도시사회로의 전환에 의한 현상을 설명했다. 농경사회 고유의 자연적인 집단(가족이나 이웃 관계)은 가장 비인간적인 고비용의 집단적인 조치로 대체되어야 한다는 것이다. 오늘날 우리는 다른 유형의 관점에 우위를 두는 경향이 있는데, 이것에 대해서는 후에 다시 언급할 것이다. 국제통화기금이 인용한 통계에 의하면, 바그너에 의해 관찰된 움직임은 산업화된 대부분의 국가에서 지속되고 있다.

[표 2] GDP 대비 공공지출 (단위 %)

국가	1870	1913	1920	1937	1960	1980	1996
미 국	3.9	1.8	7.0	8.6	27.0	31.8	33.2
일 본	8.8	8.3	14.8	25.4	17.5	32.0	36.2
독 일	10.0	14.8	25.0	42.4	32.4	47.9	49.0
영 국	9.4	12.7	26.2	30.0	32.2	43.0	41.9
이태리	11.9	11.1	22.5	24.5	30.1	41.9	52.9
프랑스	12.6	17.0	27.6	29.0	34.6	46.1	54.5
스웨덴	5.7	6.3	8.1	10.4	31.0	60.1	64.7

출처 : 국제통화기금(IMF)

위의 [표 2]에서 두 번에 걸친 세계대전 준비와 영향, 1947년부터 강하게 상승한 사회비용, 그리고 1973년과 1979년 두 차례에 걸친 석유파동과 이 시기 이후로 프랑스에 불어 닥친 대량 실업의 영향으로 인해 늘어난 지출을 볼 수 있다. 이러한 경향은 프랑스에만 국한되는 것이 아니라는 것에 주목할 필요가 있다. 이와 같은 경향은 대부분의 서방국가에서 찾아볼 수 있다. 2002년 OECD와 EU의 몇몇 국가의 GDP 대비 세출비중은 다음과 같다.

[표 3] GDP 대비 세출비중 (%)

국 가	GDP 대비 세출비중 (%)
미 국	34.6
일 본	40.2
독 일	48.6
영 국	40.7
이 태 리	47.5
프 랑 스	53.7
OECD 평균	37.1*
EU 평균	47.4

* 2001년 자료

출처: OECD와 EUROSTAT

 이와 같이 공공지출이 서방국가의 국내총생산에서 상당한 비중을 차지하고 있으며, 특히 프랑스에서는 GDP 대비 절반이 넘는 세출이 이루어지고 있음을 알 수 있는데 이것은 몇 가지 의문점을 불러일으킨다. 첫째, 왜 프랑스가 독일과 북유럽의 여러 나라와 마찬가지로 공공비용의 중요성이 증대되고 있으며, 둘째, 이러한 추세는 멈출 수 있는지? 아니면 무한정 지속되도록 운명지어진 것일까?

공공지출의 증가를 어떻게 설명할 것인가?

장기간 수차례에 걸친 전쟁, 석유파동, 대량실업과 같은 큰 역사적인 사건의 영향으로 공적지출에 변동이 있었음을 보았다. 의료보험이나 퇴직연금과 같은 몇몇 항목에 대해서는 여기에 인구학적인 요인을 첨가해야 한다. 어쨌든 이 모든 것은 2차 세계대전 이후 '복지국가(welfare state)'의 발전으로 생겨난 거대한 변화에 통합되어 나타난 것이다. 이 움직임은 너무도 강렬한 열망에 의한 것이어서, 태만을 낳게 할 뿐만 아니라 상황이 정상적으로 다시 호전되었을 때조차도 갑작스런 정책노선의 변경을 정치적으로 어렵고 불가능하게 하였다. 국가가 가지는 고유한 독자성이란 마치 공무원직과 같아서 새로운 환경에 따른 인사 재편성을 매우 어렵게 만들어, 제도를 더욱더 경직되게 한다. 1960년 이래로 '공공선택 이론(la théorie des choix publics)'이란 명칭 하에 펼쳐진 논쟁에서 그 본론내용을 통해 이 문제들이 거론되었다.

공공선택 이론과 공직의 이익

공권력은 너그러운 독재자의 모호한 집단이 아니다. 모든 상황에서 공공 혹은 민영기관에서 일하는 이들에게 동기를 부여하는 것이 단지 공동의 이익만이 아니라는 것을 우리는 오래전부터 인식하고 있었다. 일하는 이들의 행동과 개개인의 동기가 지니는 복잡한 특성을 염두에 두지 않는 것은 국가를 '블랙박스'로 취급하는 것과 마찬가지이다. 우리는 기업이론과 행정이론에서 이러한 사실을 자주 접했다. 따라서 관료주의 이론과 '공공선택(public choice)' 39) 이론이 1960년대 이래로 발달해 왔다는 점을 높이 사야할 것이다. '공공이론'의 목적은 국가기구를 구성하는 이들의 여러 가지 동기와 그들이 의존하는 정치적 활동가들을 분명하게 이해하는데 있다. 이러한 연구는 실제로 아래 두 가지의 주된 현상에 관심을 쏟게 했다.

첫째, 행정부 핵심부를 구성하는 지도층은 그들의 휘하에 있는 공무원 수의 증가를 중요한 성공의 신호로 인식하는 경향이 있다. 이 같은 상황에서, 그들은 점차 활동예산을 증대시키려 하게 된다. 같은 논리로 간부들은 모든 인

---

39) 비교 : 부카넌(Buchanan)과 톨리슨(Tollison, 1972), L. 웨버(L. Weber, 1978, 1991), M. 무조(M. Mougeot, 1989), 비엔에메(Bienaymé, 1992), 폰다벤(Pondaven, 1995)

원삭감에 - 심지어는 환경의 변화 혹은 직원들의 생산성을 개선시키려는 희망에 따라 정당화된 삭감이라고 할지라도 - 강한 반발을 표시한다. 그래서 우리는 근로혁신이 정원수의 증가라는 단 하나의 의미에서만 이루어지는 '파벌효과(l'effet de cliquet)'에 직면하게 된다.

위의 현상을 설명해주는 두 번째 요소는 세무적인 착각이다. 많은 납세자들에게 공공비용이 분담되어 부과되는 순간부터, 예산항목 중 잠재적 수혜자들에게는 거의 비용 부담이 되지 않는다는 사실을 알게 된다. 이는 소득세가 누진세 제도를 따르기 때문이다. 따라서 세금은 가장 많은 수를 차지하고 있는 소득계층이면서 유권자이기도 한 하위계층에 있는 이들에게 피해를 주지 않게 된다.

몇몇 나라에서, 특히 세대의 과반수가 소득세에서 면제되는 프랑스에서는 이러한 현상이 정확히 작용하고 있다. 이런 결과는 소득 재분배의 불균형에 의해 강화되는데, 이런 불균형은 예컨대, 평균소득과 중앙소득간의 비교에서 나온다.[40] 예컨대 프랑스는 1998년의 평균임금이 10,930

---

40) 평균수입은 여러 수입의 산술평균을 지칭한다는 것을 명시해 두자. 중앙수입은 사람들의 50%는 더 받고 50%는 덜 받는다는 식의 수입이다. 만약 중앙 수입이 평균수입보다 낮다면, 이는 낮은 수입이 전체 분배에서 더 많다는 것을 의미한다. 따라서 이는 수입 분배의 불균등

프랑이었던 반면에 중앙임금은 8,830프랑이었다. 우리는 여기에서 행정업무에서 고비용 부분을 반영하는 공공기관 인원증가가 정치적인 저항에 부딪힌다는 것을 이해할 수 있다.

2002년의 전체 취업인구 가운데 공공기관 고용비율의 국제비교 현황은 대략적인 규모의 개념을 제시할 것이다.

[표 4] 전체 취업자 가운데 공공기관 고용비율 (%)

국 가	공공기관 고용비율 (%)
미 국	15.5
일 본	8.4
독 일	11.1
영 국	18.2
이 태 리	16.1
프 랑 스	23.9
유럽연합평균	16.9

자료 : OECD

OECD 국가 가운데 이러한 관점에서 프랑스가 이례적인 위치를 차지하고 있다는 것이 충분히 알 수 있다. 프랑스

을 측정하는 수단이다.

가 분명히 극단적인 경우를 반영하고 있다는 것에는 의심의 여지없다.

공공선택(public choice) 이론은 역시 다음과 같이 정치인의 활동을 단순화하면서 지난 관념을 다시 강하게 한다. 정치인은 그들이 선출되는 것을 열망하거나, 이미 선출되었다면 재선되는 것을 열렬히 바란다.

이렇게 하기 위해서, 그들은 유권자 집단에서 투표권자 수가 가장 많은 부류에 의존해야 한다. 평균소득을 밑도는 저소득층이 고소득층 보다 더 많다면(소득중앙계층이 평균소득계층 보다 낮다고 상술한 바와 같은 경우), 입후보자는 동일 조건에서 부과금과 공공비용 증대의 대가로 가장 중요한 소득재분배의 옹호자가 되는데 관심을 가질 것이다. 그러나 이 움직임이 무한정으로 지속될 수는 없다.

공적비용 증대의 한계

공직(公職)은 비상업적인 직종의 범주에 들어간다. 이로 인해 특별한 문제가 제기된다. 사실상 기업에 종사하는 사람은 고용주의 기업 활동에 의해 임금이 지불되는 반면, 비상업적인 공공기관에 종사하는 고용자는 강제성을 띤 세금에 의해서만 재원을 형성할 수 있다. 따라서 납세자에게 추가부담을 부과하기 위해서는 그들에게 사회적인 효용에 대해 충분한 확신을 주어야 한다. 기업의 고용부문에 대해서는 이러한 문제가 제기되지 않는다. 왜냐하면 고용주가 종업원의 재원부담을 담당하기 때문이다. 만약 이러한 책임을 확인시켜 주지 않으면, 기업은 반드시 방침을 바꾸어야 할 것이다. 비상업적인 부문은 다른 모든 업무 상태를 체험한다. 법령에 따른 공직자의 고용창출은 그 부담의 무게가 30여 년 동안 느껴지는 책임을 지게 되는 것이다. 우리는 그처럼 고정급여제와 더불어 공직활동의 규정에 의하여 강화된 경직된 경제요인을 도입하여, 결과적으로 비상업 부문의 직원 이동은 현저히 감소하는 것을 볼 수 있다.

엄격한 경제계획 면에서 보면, 우리는 비상업적인 분야의 생산성을 계산하기가 어렵지 않다는 것을 깨닫게 된다. 국민경제회계는 회계적인 의제(擬制)를 동원하는데, 비상업적 부문의 생산은 그 비상업적인 총액이 추가된 순수가치를 나타내는 생산비와 정확히 일치한다고 여긴다. 이는 그 자체가 전혀 경제적 의미가 없는 회계의 진행방법에 해당한다. 이 상황의 실제적인 결과가 하찮은 것만은 아니다. 비상업적 분야가 아주 일반화된 행정임무수행에서 자동업무처리와 정보과학에 의해 이루어진 발전을 고려한다면 놀라지 않을 수 없는 일이지만, 기술진보의 변화에 의해서는 거의 영향을 받지 않는다.

우리는 이제 왜 행정부서의 인적자원 재편성에 던져진 요청이 실현가능성이 없는 한낱 소원으로 남게 되는지 이해하게 된다. 예를 들어, 프랑스에 있어서 재무성이 그 조직 구조의 모든 개혁에 자주 반대했던 영웅적이고 성공적인 저항은 이와 같은 경직성의 사례 가운데 하나에 지나지 않는다. 상반된 이론으로, 왜 스위스가 최근에 국민투표 실시 이후 공무원의 직위에 종지부를 찍고, 이와 동시에 이 활동을 급여조건의 보통법 내에 포함시켰는지도 이해할 수 있다. 사실 이런 경우는 이례적이라 할 수 있다. 그럼에도 불구하고, 일련의 개혁에 참가하는 다수의 국가가 특히 급여형태나 인사이동에 관련하여, 사기업에서 효율적인 방법을 공공기관의 고위직 업무방식에 접목시키려는 경향이 있다. 주목할 만한 사례는 덴마크, 네덜란드, 영국, 그리고 이태리의 경우이다. 이런 변혁의 지침은 아주 분명하다. 그것은 공적 부문의 민첩한 반응성을 기대해 보는 것이다.

공적비용제한은 공적영역의 성장에 달려있다. 누진적인 과세를 시행하는 나라에서 성장의 움직임은 중산층과 기업에 자동적으로 중과하는 것을 전제로 하기 때문이다. 이와 같은 변화의 한계는 주로 심리적인 면에서 나타난다. 납세자는 정부가 실제적으로 어떤 언급도 없이 GDP 반 이상의 중과세를 결정한 것을 알게 되면, 그들은 낙담하게 되고, 이는 납세자의 반란과 실망으로 나타나게 되기도 한다. 국가가 공정하다는 세평에 손상을 입지 않은 채로 그러한 상황에 들어가지는 않는다. 왜냐하면 부유해지는데 대한 나쁜 인상을 주는 것은 언제나 위험하기 때문이다. 기업의 경우 세무부담은 그들의 투자여력과 경영자의 상황을 희생시켜가며 행사된다. 어떤 경우는 새로운 사업에 대해 단념하게 하는 요인을 만들 수도 있는데, 즉 지역편중을 해소하는 유도나, 최후에는 그들의 본사를 외국으로 옮기려는 조치다.

이러한 공공비용 증대의 움직임은 일반적으로 사회정의

의 사유와 특히 사회의 중대한 빈곤을 고려하여 정당화된다. 실질적으로 두 부류의 인간이 빈곤으로 고통을 받게 된다. 이는 가난한 실업자와 가난한 노동자(working poors)이다. 여기서의 가난은 각 나라에서 특별한 관례에 따라 측정된다. 프랑스에서는 통상적으로 평균수입의 50%에 미달되는 임금, 즉 세대 당 약 535유로의 월수입을 받는 모든 사람을 가난하다고 간주한다. 가난의 범주에 들어가는 인구는 프랑스에서 사회적인 이동에도 불구하고 상당한 수를 차지한다. 왜냐하면 가난한 노동자(대략 130만 명) 외에, 그들과 함께 사는 사람들, 그리고 가난한 실업자를 포함하여 거의 2백만 명(8십만 명이 넘는 어린이들을 추가)을 계산에 넣어야 하기 때문이다. 이러한 상황에 놓인 사람들은 일반적으로 여러 가지 개인적 혹은 가족적인 장애를 가지고 있다. 그들의 상태를 개선할 수 있는 것은 장기간의 처우(문자 교육, 직업교육)이다. 우리에게 용기를 주는 사례는 네덜란드와 영국에서 찾아 볼 수 있고, 프랑스 역시 이런 활동에 참여하기 시작했다.

어떻든 간에, 인간적인 이유뿐만 아니라 고통 또한 경감시켜줌으로써 국가는 더 큰 사회적 연대와 성장과정에 참여토록 하여 사회통합을 회복할 수 있기 때문에, 이러한 문제를 긴급하게 해결할 필요성이 요구되는 것이다. 여기 우선적인 과제로써 납세능력이 일종의 한계에 도달했다는 것을 의식한다면, 국가의 개혁과 인적자원의 재편성은 더욱더 필수적인 것이 된다.

달리 말해서, 우리는 정부가 사회정의에 대한 관심과 경제적인 효율성 추구 사이의 미묘한 중재를 실현시켜야 한다는 것을 알아차리게 된다는 것이다.

안정화의 기능

여기서 우리는 국가에 부여된 주요경제기능인 세 번째 머스그레이브 분석에 접근하게 된다. 제2차 세계대전 직후, 하나의 목적에 대부분의 서구경제학자들의 관심을 쏠렸었다. 그것은 완전고용상태에 최대로 근접하면서, 지속적으로 경제를 안정시키려는 것이었다.

이를 위해 경제정책 담당자들은 그들이 지니고 있는 기구의 적절한 혼합정책을 실행하는 것 같아 보였다. 그것은 예산정책과 화폐정책이다. 이상적인 경기대책은 일단 잠재적인 성장이 가능하도록 가장 정확하게 수립되어 이를 발전시키기 위해 고안된 것이다. 경제정책은 본질적으로 주기적인 것이므로, 경기가 과열할 때는 제동을 걸어야 하고 후퇴의 징조가 보일 때는 경기를 재활성화 하여야 한다. 우리가 통계기관이 보유한 경기의 선행지표를 이용하여 실현시키려고 노력해온 이 '섬세한 조정(fine tuning)'을 활용하기 위해서 힘을 빌릴 곳은 예산정책 분야이다. 서구 주요국가의 중·단기 경기상황과 예측을 분석하는 핵심은 케인즈 학파의 이론에 기초를 두고 있다.

점차적으로 외국에 대한 경제개방이 더욱 강조됨에 따

라, 새로운 난관이 경기대책의 추진에서 나타났다. 특히 정부가 주요 무역당사국과의 차별적인 정책을 도입할 경우, 아주 위험한 상황이 된다는 것을 간파할 수 있었다. 1981년 프랑스 정부가 실업률을 낮추기 위하여 실험적으로 재활성화 정책을 채택하였는데, 그 결과는 형편없었다. 따라서 프랑스는 1983년 180도로 전환된 '인플레이션 억제(la désinflation)' 정책으로 선회하게 되었다.

이 시기 이후로 대부분의 정부는 그들의 경기대책으로 통화기구에서 지배적인 역할을 발휘하여 왔고, 동시에 인플레이션의 모든 위험을 방어하기 위해 중앙은행에 물가안정을 유지하는 업무를 부여했다. 이러한 개념은 그 이후 유럽연합 전체에 지배적으로 작용했다. 암스테르담 조약(1997)으로 인해 도입된 안정과 성장의 협정은 EU에 인플레이션과 관련된 모든 변화를 피하기 위해서 긴축 예산정책을 수용토록 촉구하였다. 인플레이션의 특성은 사실상 성장의 지속적인 지표를 손상시키는 것과 경제의 안정을 위해 억제토록 하는 것이다. 'stop and go의 정책'이라는 이름으로 더 잘 알려져 있는 활성화 정책과 안정화 정책을 1950년대부터 1980년대까지 번갈아 시행한 영국과 프랑스 같은 나라는 불행하였다.

그 이후 가장 진보된 국가에서 목격되는 변동은 때때로 '수요정책(la politique de la demande)'에서 '공급정책(la politique de l'offre)'으로의 전환형태로 나타났다. 수요정책은 케인즈 학파의 이론에 기초한 정책으로서 '대중소비(la consommation populaire)'를 장려하기 위해 사회최저임금(SMIC)과 최저임금수당(RMI)의 증대와 같은 여러 정책을 시행하게 하여, 전반적인 수요를 촉진시키는데 그 의의가 있다. 공급정책은 세금(법인 또는 소득에 관련)의 감면, 노동자에 부과되는 사회적 비용의 감축, 인력조직 그리고 투자 및 혁신을 장려하는 노력으로 기업의 활력을 고취하는데 유리하게 작용하는 것을 강조한다. 독일, 영국, 스페인은 이 정책을 선택하였다. 최근(2005년) 경쟁력의 중심을 조성하는데 주도한 점이 입증하듯이 프랑스 또한 드디어 결심을 한 것으로 보인다. 종합해보면, 경기의 안정정책에서 성장정책으로 전환하는 것을 말한다고 할 수 있겠다. 이는 예상했던 것보다 상당한 변화를 의미한다. 미국, 중국, 일본, 인도 등 가장 경쟁력 있는 국가는 이를 위해 특히 고등교육, 과학 및 기술교육의 인재육성에 노력을 기울이고 있다. 유럽 국가는 미래의 발전을 좌우하는 이와 같은 분야에서 입지를 많이 상실하였다.

경기안정화 정책의 큰 어려움은 그들의 조치가 시차를 갖는데 있다. 예를 들어 모든 통화 공급의 편차는 6개월에서 18개월 사이에 경제적인 영향을 미치기 시작한다. 이러한 경우, 시기가 나쁠 때에 조치를 취하여 위험을 감수하게 되므로 이는 심각하다고 할 수 있다. 예컨대 고용환경이 어려운 경우에는 고용상황을 개선하기 위한 조치를 취하게 되는데, 이 조치는 경기상황이 반전되는 순간에만 그 효과를 발휘하기 시작한다. 이러한 의견은 중앙은행이 시장에 분명한 신호를 보내고 통화정책으로 잠재적인 경제성장을 진작하는데 가능한 한 그 간격이 좁도록 정책을 유도한다.

그 중에서도, 고용규제의 정책이 역행할 수 있는데, 이는 구체적으로 우리가 초기에 공공비용의 부문에서 아주 높다고 지적해 온 부처 간 마찰효과와 항시 같은 방향의 관행적인 효과, 이러한 정책공전을 방지하는데 드는 비용의 규모가 증대하게 되므로 예산정책을 대단히 신중하게 관리하기 위해 행동해야 한다. 특히 연간 예산적자가 누진적인 형식으로 공공부채 부담을 가중시키는데, 이는 이자율이 GDP의 성장률보다 높은 모든 경우에 피할 수 없는 것이다. 이 적자를 소멸되게 묵인하면서 원리금상황이 국가

예산의 최우선과제로 부과될 것이고, 따라서 정부조정의 마진을 줄이고 증가하는 세대의 절약부분을 흡수할 거라는 것을 확인하게 될 것이다. 마스트리히트 조약이 유로지역 각국의 채무의 허용총액을 GDP의 60%로 제한한 이유는 여기에 있다. 이는 감당할 수 있는 예산적자의 한계를 의미한다(마스트리히트 기준에 따르면 GDP의 3%). 예산 초과로 추정되는 채무를 점차적으로 상환하는 폭만큼 다시 예산을 줄 수가 있다.

고용부문에서 프랑스는 두 가지 특별한 종류의 정책으로 유달리 눈에 띠게 되었다. 정부는 1997년에 공공분야에 5년 고정기간의 계약직 35만개의 '청년 고용'을 창출하였다. 특히 '노동 분담(partage du travail)' 정책은 1981년에 시도되었는데, 이는 일주일 노동시간을 40시간에서 39시간으로 전환하게 했고, 60세의 은퇴자를 다시 일터로 데리고 왔다. 같은 맥락에서, 1997년에 아주 복잡한 제도를 포함한 주 35시간 근무제가 결정되었다. 이 제도는 공해유발행위(자연보호)에 부과된 과세를 통해 조달된 것으로, 추렴된 세금을 이용해서 기업을 우대하고, 초과근무시간에 대해 상당히 높은 임금을 제공하게 하여 기업이 추가 근무하게 하는 것을 억제시키기 위한 것이었다.

경제학자들은 이에 대한 판단을 유보한다. 35시간제는 어쩔 수 없이 임금을 오르게 하는 결과를 가져오며, 좀 더 세심히 관찰해 보면 고용에 유리한 조치가 아니라는 것이다. 공공부문 종사자에게도 같은 이점을 부여해야 했으며, 이 부문의 재정불균형을 부각시켰고, 서비스에 혼란을 야기했다. 다른 측면에서 볼 때, 이법이 기계적으로 노동생산성을 경감시키므로 그로 인한 효과는 실제 임금의 증가를 억제시키고 국가의 잠재적인 성장을 감소시켰다. 따라서 프랑스는 독단적으로 장기간에 걸쳐 성장잠재력을 감소시키도록 기업에 비용이 드는 장려금을 보조하는 꼴이 되었다. 어떠한 국가도 이러한 실례를 따르려고 시도하지 않았을 것이다.

은퇴연령과 관련하여 인구의 노령화와 경제활동인구와 비활동인구 간의 아주 위험한 비율 때문에 자금조달문제가 프랑스에서 핵심적인 과제로 부각될 것이다. 2004년 55세에서 64세까지의 인구의 활동비율이 프랑스 37.3%, 독일 39.2%, 영국 56.2%, 일본 65.7%, 미국 60.1%였음을 상기할 필요가 있다. 이러한 조건 아래에서 2002년 국회의원 선거에서 탄생한 프랑스 정부는 은퇴제도의 재정비, 노동시간의 감소에 관한 법제에 핵심적인 불합리한 점의 완화, 은퇴제도의 영속성을 보다 잘 보장하는 것, 그리고 35시간제의 적용 조건의 재검토와 같은 다양한 여러 문제의 개혁을 시도하였다.

하여튼 이러한 대책 (35시간제와 은퇴연령의 낮추기)은 구조적인 조치라는 데 공통점이 있다. 이전과 같이 항구적인 것으로 제정되었던 경기의 규칙을 수정한 것이 여기 해당한다. 이러한 조치들이 어렵게 역행할 수 있으므로, 이는 분명히 경기안정화정책의 일부로써 고려되는 것을 금한다. 아래 [표 5]는 IMF가 제시한 주요국가의 실업률 추이를 보여준다.

[표 5] 주요국의 실업률 추이 (%)

국가	1982~1991	1992	1993	1994	1995	1996	1997	1998	1999	2004
G7평균	6.9	7.1	7.2	7.0	6.7	6.7	6.5	6.2	6.1	6.4
프랑스	9.5	10.3	11.6	12.3	11.7	12.4	12.5	11.7	11.0	9.7
이태리	10.5	10.7	10.1	11.1	11.6	11.6	11.7	11.8	11.4	8.0
스페인	18.6	18.4	22.7	24.2	22.9	22.2	20.8	18.8	15.9	10.8
아일랜드	15.1	15.2	15.5	14.1	12.1	11.5	9.8	7.4	5.6	4.5

자료 : 국제통화기금(IMF)

이 [표 5]에 나타나는 국가 가운데 이태리, 스페인 그리고 아일랜드만이 실질적인 발전을 거두었다. 다른 국가들은 그들의 상황을 재건하는데 어려움이 있는 것으로 보인다.

결국 서로 다른 방식에 따라 시장의 통상적인 기능과 충돌하는 미시 경제적인 간섭을 하는 국가는 실망스러운 결과만 얻을 뿐이다. 공적부문에서 고의적인 직책의 신설은 거의 부담만 지게 할 뿐이며, 실업자에 대한 보호정책은 고용정책의 지위를 보존할 수 없게 할 것이다. 이러한 '실업의 미봉책(trappe à chômage)'과 같은 현상의 단순한 보호책은 너무나 당연하게 역효과를 가져올 수 있다. 고용상태를 개선하는 가장 큰 기대를 가져다주는 것은 여전히 경제성장이다.

따라서 정부입장에서 오늘날 장기전향이란 국제경쟁시대에 점점 더 정부와 무관해지는 상업생산 활동에서 벗어나 전통적인 절대 권력으로 되돌아가는 것과 더불어 더 신중하게 재분배 정책에 접근하는 것을 말한다. 게다가 정부는 개방경제에서 국제경쟁은 제품뿐만이 아니라 생산지역의 매력적인 역량에서도 이루어진다는 사실로 영향을 받는다. 세제, 노동교육, 기업운영의 자유는 역시 외국인의 투자를 유치하거나 유지할 때 효과적인 유인책이 된다.

경기대책에 관해서는, 화폐의 안정을 유지하기 위하여 통화정책에 지배적인 위치를 더 부여하는 것으로 나타났다. 1960년대의 소위 '케인즈 학파'의 재정수단은 더 이상 존속하기 어려웠고, 공공재정 지출 억제가 강화되었다. 모든 정부는 경기후퇴기에 경기활성화를 위한 재정적자를 허용하기 위하여 확장기에 재정흑자를 유보하는 경기 역행적 역할을 수행하기 위한 재정정책을 선호했다. 결국, 유럽 국가는 그 이후로 시장의 구조에 더 많은 관심을 가지고 대하게 되었다. 그들은 지나치게 개입했고, 현실적으로 1945년 이래로 유행한 계획경제의 환상으로부터 분명하게 이해할 수 있는 수정을 목격하고 있다.

다양한 형식과 상태에 따라 서유럽국가들은 사회보장의 중요한 장치가 부여된 의회정치제도 가운데 시장경제체제가 기능하는 사회민주주의로 규정해도 좋은 정치제도에 참여했다. 자본주의의 변화가 여기 관련된다는 것은 의심할 여지가 없다. 생산자원의 왜곡을 막는 것은 본질적으로 가격기구인데, 이는 국민경제를 개방시키고, 더 나아가서 유럽연합의 재편성에 들어가는 것보다 심지어는 더한 것이다. 유럽연합은 그 자체가 개방이고, 우리 시대를 특징짓는 세계화의 큰 움직임에 참여하는 것이다. 시장경제에서 국가의 개입에 제한을 부여하는 것은 일반적인 상황이다. 다시 말해서 서로 다른 국가들은 국가자신이 경쟁적이 되도록 노력해야 하며, 국제경쟁에서 기회를 상실하지 않는 범위에서 그들에게 부과되는 부담과 의무를 다하는 한, 그들의 특성과 고유한 전통을 보존할 수 있을 것이다.

제 5 장

자본주의와 그의 적들

제 5 장

자본주의와 그의 적들

1991년 소비에트 사회주의 연방이 붕궤되고 나서, 1945년 이후 동·서간 냉전은 자본주의 체제의 승리로 결론지어졌다. 신뢰성 있는 대안적인 제도가 없었기 때문에, 더 이상 자본주의에 대적할 만한 제도는 나타나지 않을 것이라 생각했을 수도 있다. 그러나 반드시 그런 것만은 아닐 것이다. 레닌(Lénine)이 표현한 것과 같이 행동이 완고하다면, 편견과 사고의 체계, 그리고 이데올로기는 한층 더 고집스럽다는 것을 받아들여야 한다.

슘페터(Schumpeter, 1942)는 자본주의가 그것의 실패에 기인해서가 아니라 오히려 성공에 의해서 사회주의에 패배

하고 대체될 것이라고 설명하며, 자본주의의 본질을 비판적인 자세로 잘 파악하고 있었다. 여기서 우리는 불합리한 영역에 접근하게 된다. 그는 자본주의의 주된 적이 노동자 계급을 중심으로 형성되는 것이 아니라, 지식은 갖추었으나 권력이 없으므로 끝없는 욕구불만에 빠진 '지식인 계급(les intellectuels)'에서 형성된다고 생각했다. 표현의 자유를 존중하는 민주주의 하에서 지식인들은 비판론자, 도덕론자, 훈계자로서 특권층의 타락한 부자들에게 자신의 견해를 펼쳐, 그들을 납득시키고 심지어 양심의 가책까지 느끼게 한다.

그들은 자본주의 제도가 낳은 엄청난 부의 증대에 대해 감사해 하지 않고, 이 현상을 자연적인 획득물로 간주한다. 금융시장의 주도권이 경제에 미치는 모호한 성격 때문에, 경제변동은 중산계급이 그들 자신의 가치체계에 대항하는 것조차 어렵게 만들고 있다. 여기에 슘페터의 풍자적인 지적이 있다 : "증권거래소는 신성한 성배의 가련한 대체용이다(La Bourse est un pauvre substitut du saint Graal)." 특권계층이 그의 신분에 만족한다는 사실은 매우 호소력 있는 정책이 형성되지 않았다는 것을 의미한다. 특권계층은 살아남는 것과 시장경제에 내재하는 실제적인 문제를 해결하며 부유해지는 것에 만족한다. 사실상 자본주의는 학술적인 프로그램이 아니며, 의식을 고양시키는 데는 거의 적합하지 않은 실용적인 발전만을 추구한다. 우리는 정치집단이 "부자가 되십시오!"라고 쓴 깃발을 들고 행진하는 것을 상상하기 어렵다.

사실상 지식인의 영향은 부인할 수 없다. 왜냐하면 프랑스혁명이나 러시아혁명과 같은 가장 큰 혁명운동의 뿌리에서 지식인의 영향을 발견하게 되기 때문이다. 이러한 역사적인 사태를 통해 지배계층은 자신의 고유한 가치를 더 이상 신뢰하지 않았다.

소비에트 체제의 몰락은 슘페터의 예측에 가장 명료한 반증을 가져온 것처럼 보인다. 이제는 사회주의 경제체제가 미얀마, 쿠바, 그리고 북한에만 존속하기 때문이다. 그러나 자본주의의 적이 완전히 무장을 해제한 것은 아니다. 그들의 적대심이 어떠한 논거와 생존권 문제에 근거하여 사라지는지 살펴보는 것은 매우 흥미로울 것이다. 따라서 우리는 다양한 모습으로 자본주의에 나타나는 학술적인 적대심을 환기시키게 될 것이고, 우리 스스로 교환된 논거를 넘어 그 본질을 확인하려는 시도를 통해 본능적인 적대심을 규명해낼 수 있을 것이다.

자본주의의 위기

1 9세기부터 자본주의는 그 합법성이나 지속성에 관하여 이론적인 비판에 부딪쳐야 했다. 당시 모든 이론은 사회주의를 표방하고 있었기 때문이다. 구체적으로 마르크스주의가 바로 이러한 비판에 대한 영향을 주는 중요한 원천으로 남게 되었다. 마르크스의 유산을 부정하지 않으면서 같은 시대에 각기 다른 형태의 비판들이 제기되었는데, 그 중 몇 가지를 환기해 볼 수 있을 것이다. 이들 비판은 공통적으로 우리가 자유적, 신자유적 혹은 초자유적이라 규정짓는 이데올로기의 산물로서 자본주의를 규정지었는데, 이것은 바로 우리가 종종 '무질서한 자본주의 (le capitalisme sauvage)'라고 부르는 것을 말한다.

자본주의에 대립한 입장에 서있는 경제학자들은 실제로 현대경제학이론과 경제사회조직의 체제로서의 자본주의를 규탄하는 모임에 합류하게 된다. 현대경제학이론은 자유로운 이데올로기의 소위 '학문적인' 형식만을 구성할지도 모른다. 이 이데올로기의 견고한 핵심은 '신고전주의 이론(la théorie néoclassique)'에서 찾아 볼 수 있다. 우리는 이러한 방식으로 1870년대 한계효용혁명에서 나온 미시경제적인 분석을 이해하게 된다. 이와 같은 이론적인 활동은 마르크스 이론의 마지막 변모인 노동가치의 고전이론을 결정적으로 대신하였다. 성장, 고용, 물가 등 변수 간 관계를 묘사하는 거시경제이론의 일부는 오늘날에도 여전히 경제적인 변동의 설명도로써 한계효용설의 미시경제적인 분석의 타당성을 인정한다.

따라서 자본주의의 적은 반자유주의적인 것처럼 나타나고, 그들은 신고전주의 형식아래 현대경제이론의 본질에 대한 거부를 내포한다. 그들은 실제로 지배적인 경제사상에서 나오는 보수적인 이데올로기, 그리고 독재와 전체주의 체제를 연상시키는 불길한 의미를 내포한 '유일사상'과 동일시된다. 몇몇 사람들은 '자유주의 독재', '절대적인 자유주의' 혹은 '시장의 독재'와 같이, 시장에 소비자와 기업과 주주가 속하여 수천 명 유권자의 선택을 표현할 뿐이기 때문에 놀라움을 금치 못하게 하는 모순 된 용어를 규탄하는데 까지 이르게 된다. 여기에 유일사상의 맹렬한 비판자가 '지배적인 경향(courant dominant)'을 띠는 경제학자에게 가장 빈번히 제시하는 비판이 있다.

호모 에코노미쿠스 (경제인)

첫째로, 유일사상 비판자들은 신고전주의 경제학자가 제기하는 인간의 이미지는 이미 훼손된 것이라고 말한다. 호모 에코노미쿠스(homo oeconomicus)란, 즉 개인의 사리사욕을 대변하며, 실제적인 기능을 극대화하여 타산적으로 그의 선택을 가장 효과적으로 이용하게 하는 로봇을 무대에 세운 순수한 허상으로써 인간을 바라보는 것이다. 순전히 자기 자신에만 몰두해 있는 호모 에코노미쿠스의 시야는 계산된 가능성에만 제한되어 있어, 그 어떤 관측되는 현실에도 부합하지 못한다. 이는 마르쿠제(Marcuse)가 역설한 바와 같이, 복잡한 동기가 하나로 축소되는 일차원적 인간이다. 이것은 통제경제이론을 단순화하는 특성을 잘 나타내고 있다.

그러나 종종 경제학자에게 쏟아지는 이러한 비난은 오해나 풍자에 그 기초를 두고 있다. 미시경제학 이론가들은 인간이 순수하게 이성적인 것만은 아니며, 그들의 선택은 열정, 변덕, 그리고 모순조차 포함하는 다양한 동기를 따른다는 것을 잘 알고 있다. 우선 인간이 이성적으로 생각할 능력이 있다는 것을 전제로, 여러 가지 동기 가운데, 어떤 경제적 변수가 천부(天賦)의 인간집단의 행동에 영향을 미칠지, 또는 경제학자에게 어떤 방식의 변혁을 예상할 수 있는 지의 경제적 동기를 상정하는 것이다. 계량경제학의 연구는 구체적으로 이러한 원칙에 기초를 두고 있기 때문에, 계량경제학자는 예측을 위해 인간의 깊은 속마음까지 헤아릴 필요는 거의 없다.

시장의 쇠퇴

미시경제학적인 분석으로 접근하는데 대한 또 다른 비난은 일반적인 경제균형론이나 순수하고 완벽한 경쟁의 가설과 같은 현실의 매우 단순화된 시각에 기초를 둔다는 점이다. 신고전주의 학자들에 의하면 이것은 관측되는 시장에 영향을 미치는 모든 불완전함과 결점을 망각하는 것이다. 이와 같은 경우 신고전주의적인 분석은 그것의 기능이 시장경제가 균형과 적정상태를 실현시키고자 하는 바를 믿도록 내버려두는 형식화된 허구일 뿐이다. 그것은 암묵적인 규범의 이론이다. 왜냐하면 그 이론은 시장경제가 더 나은 사회에 상응한다고 생각하게 하는 것이기 때문이다.

여기서 이론가에게 그들이 가지는 것과는 거리가 먼 고지식함과 지적 불성실을 유발할 여지가 있다. 그들은 시장의 결점을 분석한 최초의 인사였고, 구체적으로 정부의 시장개입을 정당화하기 위한 경우에 이 분석을 사용하고 있다(비교: 제4장). 비 자유경쟁시장의 존재에 대한 그들의 초기 연구는 신고전주의 경제학자들 덕분이었으며, 반트러스트정책과 실현성 있는 경쟁조건을 보장하는 기관에 인도한 것도 구체적으로 이러한 분석의 결과이다.

그동안 사회주의 국가에서 한 번도 시도되지 못했던 연

구를 통해서, 이들 국가에 어떤 조건 아래에서의 경제 분석이 가장 타당한지를 시도했던 학자들이 바로 바론(Barone), 랑쥬(Lange), 레르네(Lerner)와 같은 신고전주의 경제학자라는 사실을 상기해야 할 것이다.

금융세계화

우리는 주류 경제학이론을 비판하는 것은 아니지만, 현대 자본주의에서 관측되는 반자본주의적 경향에 자주 부딪치게 된다. 금융과 세계화로부터 추정되는 폐해가 여기 관련된다. 경제의 금융화, 달리 말해서 금융시장에 의해 얻어진 핵심적 지위는 '현실(réelle)' 경제를 금융의 일방적인 결정에 종속시킬 것이고, 생산 활동의 발전에서 정부도 더 이상 통제할 수 없는 불안정 요인을 가져 올 것이다.

세계경제체제 속에서 각국정부는 여러 문제에 상응하는 통제수단을 더 이상 가지고 있지 못하고, 일상생활의 금융유통은 재화와 용역에 의해 이루어지는 상거래보다 50배 더 중요하다는 것을 상기시킨다. 이 상황에 직면하여, 사적투자기금(투자의 공적기금, 연금 등)은 중앙은행의 총보유액을 상회하고, 중앙은행의 보유액은 외환시장의 일상 거래량의 절반수준에 불과하게 된다.

그런데 국제금융시장에는 불안정한 위험이 존재한다. 왜냐하면 이러한 국제금융시장의 중개인들은 아주 빠르고, 가끔 위험도가 높은 대담한 거래에 몰두하며, 그들의 태도는 경제의 기본적인 것에서 일탈하려는 경향을 지니기 때문에 투기적인 거품이 형성될 우려가 항상 존재한다. 따라서 투기는 실질적인 경제에서 영구적인 위험요소로 남게 된다. 배링스(Barings)은행의 파산 때부터 1994년 멕시코, 1997년 태국, 그리고 2000년 아르헨티나와 터키의 금융위기 등이 이와 같은 사례들이다. 몇몇 정치권 혹은 좌파연합집단에서는 1970년대 미국경제학자인 제임스 토빈(James Tobin)의 견해에 따라 특히 외환시장에서 국제적인 금융이동에 세금을 부과하고, 이 징수된 세원으로 저개발국원조에 충당하자는 제안이 나왔다.

위에서 제시된 논거의 취약점은 금융이동의 세계화가 지닌 이점을 과소평가한데 있다. 특히 이 이점은 투자의 합리적인 다각화에 따라서 위험 요소들, 특히 외국에서의 직접투자에만 유리하게 작용하는 환 리스크의 다양화에 우호적으로 작용하면서 더 나은 금융자원의 배분을 가능하게 한다는 것이다. 예금은 그 정의에 따르면 기업에 투자함으로 해서 금융영역과 실물경제영역으로 양분된다. 널리 알려진 몇몇 국가의 외환위기는 국제통화기금의 개입 덕분에 결국 극복되었다. 국제금융기관은 그 이후로 경계를 게을리 하지 않고, 지금까지는 상황의 통제를 꽤 잘하고 있는 것으로 보인다. 토빈세 과세에 대해 세계주요 금융대국들은 이를 전혀 받아들이려고 하지 않으며, 결국 이 제도는 비현실적인 것으로 여겨지게 되었다.

특히 세계화에 대해 비판적 시각의 입장에서는 세계무역에 참여하는 국가들이 얻는 막대한 무역이익을 이해하지 못하고 있다. 국제무역의 이익은 상호적이고, 이것은 비교우위론에 의해 오랜 기간 설명되어왔다. 자원이 상대적으로 빈약한 국가들마저도 국제무역을 통해 이익을 얻을 수 있다. 다시 말해서 국제무역은 전반적으로 긍정적인 결론을 가져오는 거래이다.

이를 미루어 볼 때, 우리가 자본주의와 자유주의를 대상으로 하는 적대심은 사실상 비합리적인 근거, 반사작용의 이치 혹은 본능적인 생존태도에 기초를 두고 있다고 볼 수 있다. 따라서 그것의 본질을 밝혀내야 할 것이다.

뿌리 깊은 반(反) 자본주의?

사실상 위의 표현에 의문이 제기될 수도 있다. 적대심이 표면화되는 경우마다 물리적 혹은 언어적으로 나타나는 대규모의 폭력은 격렬한 입장표명을 분명하게 보여준다. 그 표현들은 다양하며, 여러 국가에선 각양각색의 변명들이 터져 나온다. 우리는 그것에 대한 철저한 조사나 질문 없이, 몇몇의 눈길을 끄는 사례를 인용할 수 있다.

1999년 이래로 WTO 시애틀 각료회의, 다보스(Davos) 경제포럼, 국제통화기금(IMF) 혹은 세계은행회의, 유럽정상회담(2000년 니스(Nice)에서 개최)과 같은 큰 규모의 국제회의는 언제나 독특한 시위 참가자들에 의해 선동되어 왔다. 이들 시위자들은 때로 매우 폭력적이며, 그들의 슬로건 또한 매우 다채롭다. 때로는 실업문제에 대하여, 때로는 공해문제에 대하여 시위하기도 하고, 핵문제에 반대하기도 하며, 또한 불법이민자들을 위하여, 주거 권리를 위하여 시위하기도 하고, 혹은 패스트푸드에 대항하여 시위하기도 한다. 몇몇 시민단체(NGO)들은 대중의 주의를 환기시킬 기회를 놓치지 않으려고 매우 불규칙적인 이 모든 슬

로건들을 동시에 내세우기도 한다. 그들의 공격의 표적은 일반적으로 금전지상주의(argent-roi), 이윤·생산 제일주의의 농업, 원자력 에너지, 세계화, 신자유주의(néolibérale) 이데올로기, 미국의 독재 권력과 그들의 방패막이인 국제 통화기금, 세계은행, 그리고 WTO 등 이다. 제 3세계와의 연대와 더불어 반미주의는 불규칙하게 변화하는 이런 운동들 한 가운데서 중심축을 구성하고 있다. 이데올로기적 형태, 그리고 미국에 대항하여 기존의 사회주의 국가들이 더 이상 선도할 수 없는 냉전을 추구하고자 꿈꾸는 사람들도 많다.

이러한 운동의 특성을 미루어 볼 때, 자연보호 운동이 자본주의에 대항하는 무기가 되었다는 점은 놀라운 일이다. 자연보호를 심각하게 받아들이는 것은 사실상 자본주의 국가에서 뿐이다. '현실적 사회주의(le socialisme réel)' 국가들은 지구의 가장 큰 환경 오염자들 이었는데, 그 이유는 간단하다. 이들 국가에서는 의견을 표출하고 정당의 권력에 대한 견제를 형성하는 여론이 존재하지 않았기 때문이다. 당시 그린피스(Greenpeace) 같은 단체들의 주된 비판대상은 서구 국가들이었다. 가장 열변을 토하는 항의자들 중에는 공공부문협회 및 공무원 노조가 포함되어 있기도 했다. 프랑스에서 이러한 노조는 오래 전부터 자유주의에 대해 적대심을 표출하여왔고, 더 일반적으로는 자유주의자들이 그 이익을 옹호하는 것으로 여겨지는 자본주의에 적대심을 표출해왔다. 분명한 것은 아직도 공산주의를 표방하고 있는 운동들은 거의 없으나, 공산주의의 붕괴는 절망에 빠진 고아들을 남겼다. 따라서 반 자유주의는 그들의 가장 견고한 지적유대를 형성하고 있다.

마르크스주의가 공식적으로는 서구 사회주의 진영을 더 이상 자극하지는 않지만, 반사적 행동과 금기의 형태 하에서 때로는 아주 기이한 방식으로 표현되는 부산물을 남겼다. 이런 맥락에서 프랑스에서는 자본화에 의한 퇴보의 의견을 제시하는 것은 금지된 사항이 되어, 이러한 사상을 단 한번만 언급하여도 반대시위가 야기된다. 이러한 적대감의 원인은 자본축적과 연관되어있는 것으로, 자본축적을 인간에 의한 인간의 착취와 동일시하는 사람들에게는 자본축적이라는 이념 그 자체만으로도 혐오감마저 불러일으키고 있다. 대부분의 유럽국가에서 오랜 동안 통용된 이러한 가능성에서 도망칠 수는 없기 때문에, 정치인들이 지닌 탁월한 수완으로 이 문제를 해결하는 것이 필요해 보인다. 프랑스에서는 연금기금의 설립이 가계저축에 공적인 적자

상태의 융자보다 더 건설적인 일자리를 제공하게 할 것이다. 또한 이 자금형성은 주식공개매입(OPA)을 통해서 프랑스 기업이 조직적으로 외국 투자가들의 손아귀에 들어가는 것을 피하게 할 것이다.

이러한 사적 자본주의(혹은 자유주의)에 대한 적대감은, 더 자세히 그것을 연구해보면 매우 극단적이란 것을 알 수 있다. 자유주의자들은 사실상 초기부터 유럽에서 18세기와 19세기의 보수당에 비해서 발전과 해방의 힘을 가져왔다. 자유주의는 계몽사상 철학으로부터 탄생한 것이다. 정치 분야에서 이것은 분명하다. 그렇다고 경제와 사회 분야에서 덜 분명한 것은 아니다. 결국 노예제도의 폐지, 노동조건 영역에서 조합의 합법화를 성취한 큰 발전은 자유주의 정치인들의 제안에 따른 것이기 때문이다. 사회보장제도는 비스마르크(Bismarck), 비버리지(Beveridge), 피에르 라로크(Pierre Laroque) 등에 의해 만들어졌는데, 이들은 사회주의 이론가가 아니었다. 오늘날에 와서 '자유주의(libéral)'라는 단순한 표현이, 마치 보수주의가 더 냉혹하고 더 비인간적인 의미를 내포하고 있다는 것에 연관되어 있다는 것은 더욱 놀라운 일이다. 이 역설을 설명하려면 아마도 두 가지의 보편적인 착각에 주목해야 할 것이다. 그것은 바로 좋은 의도에서의 착각과 의도된 착각이다.

좋은 의도

전체주의 제도와 자본주의 제도 둘을 무승부로 하기 위해서 명망 높은 지식인이나 정신적인 권위자는 필요하지 않다. 전체주의 제도에 대한 비난은 그 자신으로부터 야기되었다. 20세기 융성기에 그들의 선동 하에 범해진 공포들은 여전히 합당한 격분을 불러일으킨다.

반면 자본주의를 대상으로 하는 심한 도덕적 비난을 정당화하는 것에 대해 스스로 의문을 제기 할 수 있다. 자본주의의 몇 가지 주요한 역사적 범죄에 대해 책임을 물을 수 있는가? 20세기에 일어났던 대량 학살 책임을 자본주의에 전가하는 것은 거의 불가능하다. 공산주의와 민족사회주의는 자본주의와는 근본적으로 이질적이며, 오히려 자본주의를 공격의 표적으로 삼았다. 반대로 방대한 인구의 생활수준이 전례 없이 향상된 것이 틀림없이 자본주의의 성과로 제기될 수 있다. 마르크스가 1848년 선언문 끝부분에 무산계급이 혁명을 일으키는 것을 고취하기 위해 기록했던 것을 다시 읽으면, 미소를 금치 않을 수 없다. "무산계급은 혁명 중에 속박만 푸는 위험을 감수할 뿐이다(1848년, p.194)."

마르크스는 분명히 산업혁명의 현실에 대해서는 상당한

통찰력을 지니고 있었으나, '중산계급의 지배(la domination bourgeoise)' 정신 자체는 그에게 극심한 혐오를 불러일으켰다. 이 혐오감은 그 이후부터 심지어 마르크스주의자들처럼 서로를 알아보지 못하는 사람들에 의해서까지 공유되었다. "중산계급이 지배에 개입하는 모든 곳에서 중산계급은 봉건제, 가부장제, 그리고 이상적인 모든 조건들을 파괴하였다. 냉혹한 중산계급은 인간을 그의 보다 진화된 기질에 연결시키는 다양한 색채를 지닌 관계들을 찢어버린다. 인간과 인간 사이의 다른 관계가 아주 순수한 이익, 즉 차디찬 '현금 지불(paiement comptant)'만으로 대체되게 내버려 두기 위해서 말이다. 성스러운 전율과 경건한 열정, 기사다운 정열, 중산계급은 이 모든 것을 이기적인 계산의 얼음물 안에 익사시켜 버렸다."(1848, p.163-164)

우리는 마르크스가 여태껏 기술한 가장 명석한 이 몇 줄 가운데에서, 버질(Virgile)에게 이미 영감을 주었던 '돈과 이익의 사랑(auri sacra fames)'에 대한 공포를 다시 볼 수 있다. 이것은 종교적인 설교자들과 정치 연설가들에 의해 계속적으로 다시 취해지는 주제이다. 그들은 '돈(argent)'이라는 용어로 금전적 재산에의 과도한 애착, 이기주의, 그리고 더 일반적으로는 집단적인 가치에 대한 무관심을 불러일으키는 개인주의를 쇠퇴하게 한다.

여기에 두 가지 비난을 가할 수 있는 상당히 훌륭한 의견이 숨어있다.

우선 자본주의를 아무런 윤리적인 관념 없이 상품과 서비스를 생산하도록 예정된 기계와 같은 상태로 한정하는 것은 매우 부당하다는 의견이다. 이와는 반대로, 자본주의와 자유의 가치 사이에 긴밀한 관계가 존재한다는 점을 살펴보았다(제3장). 이는 자본주의가 민주주의체제 밖에서는 제대로 수행될 수 없다는 관점에서 뿐만 아니라, 민주주의체제는 필수적으로 경제적인 자유의 행사, 즉 자본주의를 전제로 한다는 것이다. 요컨대 법치국가는 시민들의 법 존중 없이는 실현될 수 없다는 것이다. 이 존중은 대다수의 시민들이 타인, 재산, 발언에 대한 존중, 부패에 대한 거부와 같은 윤리적인 규범들을 따르는 것을 암묵적으로 수락함을 의미한다. 이것은 단순히 법률상의 규범에 관계되는 것이 아니라 도덕규범이 문제이다. 대다수의 사람들이 그것에 동조하지 않는다면, 각 시민들의 배후에 경찰이나 재판관을 세워야 할 것이다.

또 한편, 경제학자에 의한 인간행동분석에 따르면, 자본주의에 대한 이와 같은 도덕적 비난은 근본적인 오해에 근거한 것이다. 잘못한 행동을 그 결과로 판단하는 것이 아니라, 그 행동에 영감을 주는 의도의 본질에 근거해서 판단해야 한다는 것이다. 좋은 의도, 그러나 좋은 의도가 반드시 좋은 결과를 가져오지는 않는다. 우리는 사람들의 더 좋은 의도가 종래는 파국을 초래할 수 있다는 것을 안다. 그것이 구체적으로 20세기에 공산주의가 했던 것에 해당한다. 이와는 반대로 개인적인 관심에 신경 쓰는 것이 반드시 범죄가 아닐뿐더러, 개인적인 이익을 추구하는 구입자와 판매자 사이의 경쟁의 도입은 전반적으로 만족스러운 결과에 도달하는데 잘 기여할 수 있다. 아담 스미스의 '보이지 않는 손'이라는 은유는 웃음거리가 됐었지만, 구체적으로는 도덕의 영역과 경제 교류의 영역을 구분 짓는데 공헌하였다.

이 견해를 모든 사회적인 교류로 확장시킬 수도 있다. 우리가 단번에 의도와 결과를 구별해야 한다고 인정하지 않는다면, 그 어떤 사회과학도 발전할 수 없을 것이다. 이 구분이 필수적인 것은 각자의 자유가 다른 사람들의 자유에 의해 제한받기 때문이다. 역효과, 즉 의도되지 않은 정치행위는 다르게는 이해될 수 없다. 결국 제도는 상호의존적 변수의 집합에 지나지 않기 때문에, 하나의 제도적인 현상이 관건이다. 가장 잘 구성된 정부의 의도가 한계에 직면하는 것은 바로 이것 때문이다.

의도된 착각

경제에 관한 훈련을 받지 못한 사람들에게 있어서, 문제를 해결하기 위해서는 열의와 지시만으로 충분하다고 믿는 자세는 분명 지적인 유혹에 지나지 않는다. 그러나 오랫동안 시민경제체제를 경험해 온 국가에서 이러한 유혹은 저항할 수 없는 것이다. 가격이 폭등한다면? 가격을 고정시킬 것이다. 가장 빈곤한 가계에서 지출할 수 없는 규모의 주택가격이 형성된다면? 집세를 제한하거나 고정할 것을 공포할 것이다. 실업이 발생한다면? 정부는 권위를 이용하여 고용을 창출하거나, 모두에게 일자리를 주기 위해서 현존하는 직업들을 분할할 것을 결정할 것이다. 또는 해고를 금할 것이다. 가난한 사람들의 수가 너무 많다고 판단된다면? 돈이 있는 곳(là où il se trouve), 즉 풍요로운 가정, 혜택 받는 기업 혹은 자면서 부자가 되는(qui s'enrichissent en dormant) 사람들로부터 돈을 가져올 것이다. 이 예들은 이제 풍자적인 성격을 띠고 있다. 그러나 이들 각각은 어느 시대에, 혹은 어느 국가에서 취해지고 권장되었던 조치들을 묘사하고 있고, 이 조치들은 일반대중의 의식에서 올바른 방향의 증거로 인식된다.

그러나 이것은 착각이다. 위에 설명된 조치들 각각은 역효과를 야기하기 때문이다. 가격통제는 기업을 마비시키고, 생산물이 사라지게 하고, 시장을 암흑에 빠지게 만든다. 집세의 차단은 주택시장의 균형을 읽게 하고, 이 영역에 장기간 계속될 수 있는 공급부족을 초래한다. 시장경제를 벗어난 고용의 조직적인 창출은 공적인 부담을 가중시켜, 이렇게 채용된 봉급생활자는 30년 동안이나 국가에 부담을 지울 것이다. 일의 분할은 처음에는 고용을 창출한다는 환상을 심어 줄 수 있으나, 더 장기간으로 볼 때 우리는 그것이 사회제도(예를 들면, 노후보험), 혹은 공적금융을 불균형 상태로 만들고, 이것이 성장에 장애가 된다는 것을 결국 깨닫게 된다. 해고를 더 어렵게 만드는 것은 기업인이 근로자산을 대체하도록 촉진시킨다. 반면 기업 혹은 납세자의 절약으로 행해지는 세액공제에 대해서, 이 공제액은 정기적으로 기업, 국민, 혹은 자본의 지역편중 해소의 운영을 유발한다. 우리는 국제경쟁의 맥락에서 행동하고, 경제 요인들의 비교를 완벽하게 할 능력이 있다는 것을 절대 잊어서는 안 된다.

우선 자본주의의 주요 적은 일단 어떤 자유에 대한 두려움 즉, 위험에 대한 강한 혐오감이다. 국가는 많은 사람들에게 '최종적인 보호자(protecteur en dernier ressort)'

와 일종의 모든 위험에 대한 보장자로서 지속적으로 인식된다. 이데올로기와 경제적인 소양의 부족은 이 위축된 태도를 더욱 두렵게 할 뿐이다.

다음으로 사회정의에 대한 열망은 평등주의와 재분배를 위한 확고한 성향으로 나타난다. 정치인은 여론을 통해 그 자신을 명백히 돌아보고 잘못을 깨닫게 되면, 다시 선출되는 것에 크게 마음을 쓰게 된다. 여기에 아주 불만족스러운 어떤 것이 존재한다. 왜냐하면 정치적으로 노력에 대한 보람을 느끼는 대책은 단기적이지만, 그들의 역효과는 오랜 기간 동안 느껴질 것이기 때문에, 당장은 유권자들을 평온과 환상 속에 내버려 두려한다. 그러나 착각하지는 말자. 우리가 우리를 둘러싸고 있는 세계에서의 경험과 정신개방에 의해서 배우는 인간의 능력을 믿는다면, 오늘날 자본주의를 대상으로 하는 적대감의 웬만한 부분은, 앞으로 올 시간에 더 객관적인 판단으로 대체되어야 할 것이다. 정치적인 장애물들을 극복하는 것은 틀림없이 매우 어려울 것이다. 이것이 각국에서 의식의 변화를 통하여 마무리하는 외형적으로 나타날 사회진화의 연출이다.

결 론

결 론

슘페터의 장담은 길을 잃었다. 유일당 체제, 특히 정치경찰이 장기적인 미래를 약속한 것 같았던 제도의 일관성에도 불구하고, 1970년대부터 동유럽의 사회주의 경제가 기진맥진해 있었다는 것은 분명한 일이었다. 미국이 그들의 '별들의 전쟁'의 개념과 함께 일으킨 도전에 반응할 능력이 현저하게 떨어진 군산복합체에서 뿐만 아니라, 어떤 혁신도 나오지 않았던 민간생산에서도 이와 같은 몰락의 징후는 확실히 드러난다. 이 기간 동안 자본주의 경제는 연이은 두 번의 석유파동이 그의 진로를 가로막았던 장애물을 극복하는데 이르렀다. 1985년부터 고르바초프가 실질적인 관점에서 사회주의 제도를 개혁하려고 노력하자마자 그 전체는 무너졌고 소련은 1991년에 마침내 지도에서 사라졌다.

따라서 그 원인은 이해될 수 있을 것이다. 자본주의는 승리했고, 그 이후로 다른 라이벌 제도가 자본주의에 대항하는 것은 상상조차 하지 못한다. 미국의 프란시스 후쿠야마(Francis Fukuyama)의 표현대로, 이것이 바로 '역사의 종말(la fin de l'histoire)'을 의미하는 것일까? 만약 역사가 경제로 귀결되어 질 수 있다면, 그것을 믿으려고 할 것이다. 그러나 실제 상황은 세계에서 보여 지는 투쟁들이 종교적, 관념적, 국가적, 민속적인 서로 다른 원인들을 가지고 있다는 것을 상기시켜 준다. 경제에 대해서조차도, 우리는 그 이후로 '영미식(anglo-saxon)' 모델과 '라인(rhénan)' 모델이란 두 자본주의 모델들이 서로 대립한다는 것을 지적할 수 있다[미셸 알베르(Michel Albert, 1991)]. 라인모델은 독일뿐만 아니라 프랑스 및 서유럽국가들의 대부분에 의해 매우 일반적으로 도입 되었다. 바로 분배와 사회보장을 위한 시장경제와 정부개입이 혼합된 특징을 보이는 사회민주주의가 여기 해당한다.

현실에서는 미셸 알베르에 의해 관찰된 분류조차도 경제

세계의 실적인 변화에 의해 의문시 될 만한 상황에 놓여있다. 이는 라인모델이(이 명칭을 고수한다면) 그것이 더 이상 정부개입을 확대할 수 없었다는 의미에서 한계에 도달한 것 같이 보이기 때문이다. 우리가 앞에서 분석했던 움직임인, 경쟁영역에서 생산 활동에 대한 정부개입의 해소를 염두에 둔다면, 오늘날 우리가 목격하는 은퇴의 움직임에 대해서도 이것은 마찬가지이다.

오랫동안 사회민주주의에 의해 도입되어 온 케인즈 학파의 영향을 받은 경제정책들은 우리가 앞에서 본 것처럼(제4장) 철저하게 배제되었다. 수요정책들은 점점 더 자주 공급의 정책으로 대체되었다. 이것이 이 정책의 모델이라면, 가장 영향력 있는 모델은 오히려 거시경제학정책 방면의 미국경제의 모델이다. 1992년부터 2000년까지, 미국의 경제는 지속적인 성장을 달성하였고, 특히 1999년 실업률이 4.2%에 그친 완전한 고용을 이뤄내면서 미국식 모델은 더욱더 찬사를 받아왔다. 이 긴 기간에 걸쳐 미국경제에 의해 얻어진 성공의 큰 부분은 앨런 그린스팬(Allan Greenspan) 의장의 지휘 하에 있는 미연방제도이사회의 정책에 대한 신뢰에서 오는 것으로, 유럽중앙은행도 이와 같은 미국의 정책성공에서 영감을 얻으려는 시도를 보이고 있다. 어쩔 수 없이 이 긴 확장의 시기가 끝이 날 때조차도, 유럽에서는 틀림없이 경제정책과 관련하여 지속적으로 미국식 모델로부터 영감을 받을 것이다.

경제의 세계화는 주로 금융시장의 활동을 이유로, 실물분야에서 미국 경영인들로부터 그들 방법의 일부분을 배우려는 움직임이 강하다. 미국과 영국투자기관들에 의해 관리되는 자금들(연기금, 투자공동자금, 보험회사, 은행 기업부들)은 이미 상당한 금융밀집현상을 나타낸다. 예를 들어 프랑스에서는 파리 증권거래소(Bourse de Paris) 자본의 43%가 오늘날 이미 외국기업의 손 안에 놓여있다는 것을 기억하자. 결과적으로 상장된 프랑스그룹들의 경영진은 그 이후로 계정의 제시에 대한 미국식 방법에 따라야 하고, 훨씬 더 요구사항이 많은 금융통신의 규칙을 준수해야 하며, 게다가 미국에서 시행중인 경영의 조건들을 도입해야 한다. 예를 들어 그들의 목표 내에 가치의 창조를 통합시켜야 한다. 프랑스에서 사실인 것은 유럽연합 교역대상국에서도 사실이다.

정부입장에서도 자국의 현실적인 정책을 장악하기 위해서는 통화기구를 갖추어야 할 뿐만 아니라 재정정책 역시 장악해야 한다. 그런데 이 재정기구를 효과적으로 사용하는 것은, 확장기에 재정흑자를 가정하게 하고, 정부의 직접개입영역에서 눈에 띠는 후퇴를 암시하기도 한다.

그 이후로 모든 산업화 국가들이 같은 규범을 준수할 것이고, 더 이상 어떤 것도 미국식 경제로부터 '라인자본주의(le capitalisme rhénan)'의 국가들을 구분할 수 없게 될 것이라는 것을 의미하는 것일까? 그럴 가능성은 거의 없다. 한 국가의 경제체제는 단지 원칙적으로 조차도 경제요인들의 활동에만 기인하지는 않는다. 많은 부문이 전통과 때로는 기록되지 않은 집단적인 규범들이 체제를 형성하기 때문이다. 유럽연합 국가들은 이미 서로가 매우 다르며, 이것이 지금까지 그들이 공통된 규칙에 종속되는 것을 막은 것은 아니었다. '유럽식 모델(modèle européen)'에 대해 논의하는 것, 그리고 동시에 근본적으로 사회민주주의 국가에 관련된다는 것을 염두에 두는 것은 중요한 단순화를 형성한다.

이는 자본주의 국가들이 근본적으로 다양하다고 말하는 것으로 귀결된다. 분명히 이 나라들은 서로 비슷해지려는 경향이 있고, 전체적으로 볼 때 미국식 제도의 어떤 특징적인 성향들과 비슷해지려는 경향도 있지만, 그렇다고 해서 그들이 동일한 계획에 의지하도록 강요되는 것은 아닐 것이다. 특히 그들은 틀림없이 본질적으로 그들이 밀착된 사회보장제도들을 보존할 것이다. 실질적으로 한 나라가 다른 나라들에 완전히 동조하는 것을 의무화하지 않는 한 경쟁적인 상태로 남을 수 있다. 왜냐하면 상대적인 이점에는 여러 가지 요인들이 있으며, 그 이점이 단지 과세나 사회보장부담금의 비중에만 있는 것은 아니기 때문이다.

유럽, 미국, 그리고 아시아의 국가들이 서로 다를지라도, 그들은 그들의 경제를 시행할 때 꽤 많은 근본적인 특징들을 공통적으로 보존한다. 이는 사람들이 이 특징들을 같은 제도 안에 포함시킬 수 있는 권리를 가지게 하기 위함이다. 이런 경우라면 자본주의는 반드시 현대의 지배적인 경제체제가 될 것이다.

참고문헌

참고문헌

별 표시된(*) 것은 초기 연구를 위해 특히 추천되는 저서들이다.

* Albert Michel (1991), Capitalisme conrtre capitalisme, Paris, Éditions du Seuil.
* 미셸 알베르 (1991), 자본주의 대 자본주의, 파리, 쇠유 출판사

Arvisenet Philippe d' (2000), L'économie française dans la compétition internationale, Conjoncture, numéro 5, novembre, Paris, BNP-Paribas.
필립 다르비즈네 (2000), 국제 경쟁 내에서의 프랑스 경제, 경제정세, 5호, 11월, 파리, 베엔페-파리바 은행

Bairoch Paul (1993), Mythes et paradoxes de l'histoire économique, trad. avec une postface de Jean-Charles Aselain, Paris, La Découverte, 1994.
폴 베로크 (1993), 경제역사의 신비와 역설, 장-샤를르 아슬랭의 뒤의 설명과 함께, 파리, 데꾸베르뜨 출판사, 1994

* Bairoch Paul (1997), Victoires et déboires : histoire

écoomique et sociale du monde du 16ème siècle à nos jours, 3 vol., Paris, Gallimard.
* 폴 베록 (1997), 승리와 환멸 : 19세기에서 우리시기까지의 세계 경제·사회 역사 제3권, 파리, 갈리마르

* Bienaymé Alain (1992), Le capitalisme adulte, Paris, PUF.
* 알렝 비에네메 (192), 성인 자본주의, 파리, PUF.

* Braudel Fernand (1979), Civilisation matérielle, économie et capitlisme. 15ème-18ème siècle, 3 vol. Paris, Armand Colin.
* 페르낭 브로델 (19790, 물질적인 문명, 경제, 그리고, 자본주의, 15세기-18세기, 제3권, 파리, 알망 콜렝.

Buchanan J. M. et Tollison G. (1972), The Theory of Public Choice, Ann Arbor, University of Michigan Press.
J.M. 부처먼 과 G. 톨리슨 (1972), 공적 선택의 이론, 앤 아버, 미시간 대학교 출판사.

* Caron François (1985), Le résistible déclin des nations industrielles, Paris, Perrin.

* 프랑수아 카롱 (1985), 산업 국가들의 제어할 수 쇠퇴, 파리, 페렝.

* Caron François (1997), Les deux révolutions industrielles du 20ème siècle, Paris, Albin Michel, coll. "L'évolution de l'humanité".
* 프랑수아 카롱, 20세기 두 가지 산업혁명들, 파리, 미셸 알뱅, "인간의 진화" 시리즈.

Cipola Carlo (1976), Before the Industrial Revolution : European Society and Economy 1000-1700. Londres, Methuen & Co. Ltd.
카를로 시폴라 (1976), 산업혁명 이전 : 유럽사회와 경제 1000-1700, 런던, 메튜엔 주식회사.

Coase Ronald Henry (1960), The Problem of Social Cost, Journal of Law and Economics, octobre.
로날드 헨리 코아스 (1960), 사회비용의 문제, 법과 경제의 저널, 10월호

* Cohen Daniel (1999), Nos temps modernes, Paris, Flammarion.

* 다니엘 코헨(1999), 우리의 현대시대, 파리, 플라마리옹.

* Crouzet François (2000), Histoire de l'économie européenne 1000-2000, Paris, Albin Michel.
* 프랑수아 크루제 (2000), 유럽 경제역사 1000-2000, 파리, 미셸 알뱅.

* Drancourt Michel (1998), Leçon d'histoire sur l'Entreprise de l'Antiquité à nos jours, Paris, PUF, coll. "Major".
* 미셸 드랑쿠르 (1998), 고대에서 지금까지 기업에 대한 역사적 교훈, PUF, "메이저" 시리즈.

Fougier Eddy (2000), Comment la mondialisation remodèle la politique, Sociétal, numéro 30, 4ème trimestre.
에디 푸지에 (2000), 어떻게 세계화가 정책을 재편성 하는가? 소시에딸 30호, 제 4 3분기

Galbraith John Kenneth (1967), The New Industrial State, Boston, Houghton Mifflin.
존 케네스 갈브세스 (1967), 새로운 산업국가, 보스턴, 휴턴 미플린.

Gimpel Jean (1975), La révolution industielle du Moyen Âge, Paris, Éditions du Seuil.
장 짐펠 (1975), 중세의 산업혁명, 파리, 쇠유 출판사.

* Guesnerie Roger (1996), L'économie de marché, Paris, Flammarion, coll. "Dominos".
* 로저 그네즈리 (1996), 시장경제, 파리, 플라마리옹, "도미노스" 시리즈.

* Hayek Friedrich August von (1944), The Road to Serfdom, trad. G. Blumberg, La route de la servitude, Paris, PUF, coll. "Quadrige", 2ème éd., 1993.
* 프레드리시 오거스트 본 하옉 (1944), 예속상태로 가는 길, G. 블럼베르 번역, 예속상태로 가는 길, 파리 PUF, "카드리지" 시리즈, 제2판, 1993.

* Hirschman Albert O. (1958), The Strategy of Economic Development, New Haven, Yale University Press.
* 알버트 허쉬만 (1958), 경제 발전의 전략, 뉴 헤이번, 예일 대학교 출판사.

* Jessua Claude (1991), Histoire de la théorie économique,

Paris, PUF.
* 클로드 제슈아 (1991), 경제 이론의 역사, 파리, PUF.

* Landes David S. (1969), The Unbound Prometheus, Camridge, Cambridge University Press., trad. fr. L'Europe technicienne, Paris, Gallimard, 1975.
* 데이비드 S. 랜디스 (1969), 묶여지지 않은 프로메테우스, 캠브리지, 캠브리지대학교 출판사, 불어 번역 : 기술적인 유럽, 파리, 갈리마르, 1975.

* Landes David S. (1998), The Wealth and Poverty of Nations. Why some are so Rich and some so Poor, Londres, Little, Brown & Co. trad. fr. Richesse et pauvreté des nations, Paris, Albin Michel, 2000.
* 다비드 S. 랑드 (1998), 국가들의 부와 빈 왜 어떤 사람들은 아주 부자이고, 어떤 사람들은 아주 가난할까?, 런던, 리틀, 브라운 주식회사, 불어번역 : 국가들의 부와 빈, 파리, 미셀 알뱅, 2000.

Laurent Daniel (2000), Assurance maladie, diagnostic et remèdes, Sociétal, numéro 30, 4ème trimestre.
다니엘 로랑 (2000), 의료보험, 진단과 조치, 소시에탈 30호

제 4 -3분기

Maddison Angus (1982), Phases of Capitalist Development, Oxfod, Oxfod University Press.
앵거스 매디슨 (1982), 자본주의 반전의 시기들, 옥스퍼드, 옥스퍼드대학교 출판사.

* Maddison Angus (1995), L'économie mondiale 1820-1992. Analyse et statistiques, Paris, OCDE.
* 앵거스 매디슨 (1995), 세계 경제 1802-1992, 분석과 통계, 파리, OECD.

* Maddison Angus (2001), L'économie mondiale. Une perspective millénaire, Paris, OCDE.
* 앵거스 매디슨 (2001), 세계 경제. 밀레니엄적인 전망, 파리, OECD.

Marx Karl (1848), Le Manifeste communiste, trad. Maximilien Rubel, in OEuvres économiques, vol. 1, Paris, Gallimard,, "la Pléiade", 1963.
칼 마르크스 (1848), 공산주의 선언서, 번역. 루벨 막시밀리앙, 경제저서, 제1권, 파리, 갈리마르, "플레이아드" 시리즈, 1963.

Mougeot Michel (1989), Économie du secteur public, Paris, Economica.
미셸 무조 (1989), 공적 영역의 경제, 파리, 에코노미카.

Musgrave Richard A. (1979), The Theory of Public Finance, New York, McGraw Hill.
리처드 A. 머스그레이브 (1979), 공적 금융의 이론, 뉴욕, 맥그로 힐.

North Douglass C. et Thomas Robert Paul (1973), The Rise of the Western World. A New Economic History, Cambridge, Cambidge University Press.
더글라스 C. 노스와 로버트 볼 토마스 (1973), 서양 세계의 부상. 새로운 경제 역사, 캠브리지, 캠브리지대학교 출판사.

Nothomb Pierre et Caprasse Jean-Nicoas (1998), Évolution du corporate governance en Europe : étude comparative, Reflets et perpectives de la vie économique, 3ème trimestre, reprod. in Problèmes économiques, numéro 2606, 1999.
피에르 노톰과 당-니콜라 카프라스 (1998), 유럽의 기업정부의 발전 : 비교 연구, 경제생활의 반영과 전망, 3-4분기 경제문제

보고, 2606호, 1999

* Pondaven Claude (1995), Économie des administrations publiques, Paris, Cujas.
* 클로드 폰다벤 (1995), 공적 행정의 경제, 파리, 쿠자스.

* Rioux Jean-Pierre (1971), La révolution industrielle 1780-1880, Paris, Éditions du Seuil.
* 장-피에르 리우 (1971), 산업혁명 1780-1880, 파리, 쇠유 출판사.

* Salin Pascal (1995), La concurrence, Paris, PUF, coll. : "Que sais-je ?" numéro 1063.
* 파스칼 살렝 (1995), 경쟁, 파리, PUF, "끄세즈" 시리즈, 제1063번.

Schumpeter Joseph Alois (1912), Théorie de l'évolution économique, trad. fr. avec une introd. de François Perroux, Paris, Dalloz, 1935.
조셉 알루아 슘페터 (1912), 경제 변천의 이론, 프랑수아 페루의 서론이 있는 불어번역, 파리, 달로즈, 1935.

Schumpeter Joesph Alois (1918), Die Krise der Steuerstaates, trad. La crise de l'État fiscal, in Impérialisme et classes sociales, présent. par Jean-Claude Passeron, Paris, Flammarion, coll. "Champs", 1984.
조셉 알루아 슘페터 (1918), 세무국가의 위기, 번역, 세무국가의 위기, 제국주의와 사회 계층, 장-클로드 파스롱에 의한소개, 파리, 플라마리옹, "샹" 시리즈. 1984.

Schumpeter Joseph Alois(1939), Business Cycles. A Theoretical, Historical and Statistical Analysis of the Capitalist Process, 2 vol. New York, MacGraw Hill.
조셉 알루아 슘페터 (1939), 비즈니스의 주기. 자본주의 과정의 이론적, 역사적, 통계적인 분석, 제2권, 뉴욕, 멕그로 힐.

* Schumpeter Joseph Alois (1942), Capitalisme, socialisme et démocratie, trad. fr., Paris, Payot, 1951.
* 조셉 알루아 슘페터 (1942), 자본주의, 사회주의, 그리고 민주주의, 불어번역, 파리, 페요, 1951.

* Simonnot Philippe (1998), 39 leçons d'économie contemporaine, Paris, Gallimard, coll. "Folio".
* 필립 시모노 (1998), 동시대 경제의 39가지 교훈, 파리, 갈

리마르, "폴리오" 시리즈.

Valéry Nicholas (1999), Innovation in Industry, The Economist, 20 février.
니콜라 발레리 (1999), 산업에서의 혁신, 이코노미스트, 2월 20일

* Verley Patrick (1997), La révolution industrielle, Paris, Gallimard, coll. "Folio-Histoire".
* 파트릭 베를레 (1997), 산업혁명, 파리, 갈리마르, "폴리오-이스투아르" 시리즈.

Weber Luc (1978), L'analyse économique des dépenses publiques, Paris, PUF.
뤽 웨버 (1978), 공적인 지출의 경제적인 분석, 파리, PUF.

Weber Luc (1991), L'État, acteur économique : analyse économique du rôle de l'État, 2ème éd., Paris, Economica.
뤽 웨버 (1991), 국가, 경제적인 배우 : 국가의 역할의 경제적인 분석, 제2판, 파리, 에코노미카.

Weber Max (1904), L'éthique protestante et l'esprit du

capitalisme, trad. et présent. par Isabelle Kalinowski, Paris, Flammarion, coll. "Champs", 2000.
막스 웨버 (1904), 개신 윤리와 자본주의 정신, 번역, 소개 : 이자벨 칼리노우스키, 파리, 플라마리옹, "샹" 시리즈, 2000.

Woodall Pam (1996), The Hitchhiker's Guide to Cybernomics, The Economist, 28 septembre.
팸 우돌 (1996), 무단편승자의 사이버 경제에 대한 가이드, 이코노미스트, 9월 28일.

Woodall Pam (2000), Untangling economics, The Economist, 23 septembre.
팸 우돌(2000), 온라인 경제의 해결, 이코노미스트, 9월 23일.

자본주의 (*Le Capitalisme*)

초판 1쇄 발행일 2007년 3월 20일

지은이	끌로드 제쉬아
옮긴이	박은태, 신용대
펴낸이	박은태
펴낸곳	도서출판 경연사(주)
등록번호	제17-295호
주 소	파주시 교하읍 문발리 507-10 파주출판도시
	서울시 강동구 성내동 163-16(경남빌딩 702호)
전 화	02-488-0174
팩 스	02-475-3195
전자우편	kipp0174@hanmail.net
홈페이지	www.genyunsa.com

ⓒ 경연사 2007

ISBN 978-89-952247-9-3

값 9,000원

* 잘못 만들어진 책은 교환해 드립니다.